비상선언

EMERGENCY
DE-
CLARATION

각본

“현실이 스포일러였어요.”
—한재림 감독과의 대화
인터뷰와 글: 김혜선

스토리보드

프로덕션 스틸

THE DIRECTOR’S
CAMERA ROLL
—한재림 감독이 포착한 순간들

비상선언 각본

일러두기

이 책에 수록된 각본은 실제 영화 촬영에 사용된 최종고이며,
일부 한글 맞춤법에 어긋나는 표기도 시나리오의 원본에 따라 그대로 살렸습니다.
또한 완성되어 공개된 영화와는 일부 내용과 편집 순서 등이 상이할 수 있습니다.

씬 번호, 장소와 함께 표기한 알파벳의 의미는 아래와 같습니다.
Ⓓ: 낮(Day), Ⓝ: 밤(Night), Ⓔ: 저녁(Evening)

자막이 나타났다 사라짐을 반복하며 긴장된 음악이
작은 북소리와 섞여 흐른다.

자막 항공기가 비행 중 연료 고갈이나 기술적인 문제가 생겨 더 이상 정상적인 운항이 불가능하다고 판단되는 경우, 조종사는 "이것"을 선포하여 관제당국에 상황의 위급함을 알린다.

"이것"이 선포된 항공기는 다른 어떤 항공기에 우선하여 착륙할 수 있도록 우선권이 부여되는데.

항공운항에 있어서 "이것"은 비상계엄 선포와 같다고 할 정도다. 모든 움직임을 중지시키고, 어떤 명령보다 앞서는 상황을 만들기 때문이다.

화면 가득 긴장감과 비트, 불규칙한 타격감의 음악이 흐르며

비상선언

1 인천공항 출국장 Ⓓ

화면이 확 열리며 일상적인 여행객들로 가득한 출국장.
일상적인 소음들.
분주히 움직이는 여행객들 사이로 원동연 기장과 장영석 기장이 한 손에는 가방을, 한 손에는 커피를 들고 걸어간다. 핸드폰을 하며 그 뒤를 따라가던 최현수 부기장이 문득 누군가를 본 듯 고개를 돌리지만, 이미 스쳐간 후다.
뒤돌아 누군가를 쳐다보는 현수, 뒷모습의 사내인데, 딸아이의 손을 잡고 가고 있다.

원 기장 왜… 아는 사람?

현수 아… 아니요.

하며 다시 걸음을 재촉하는 현수.
하지만 궁금한지 다시 돌아본다.
딸의 손을 잡은 사내는 사람들 사이로 사라진다.

2 어느 외항사 티켓 부스 Ⓓ

단정하고 깔끔하게 입은 뒷모습의 사내가
티켓 창구에 서 있다.

사내 여기… 사람들 많이 타는 비행기가 뭐예요?

여직원1 예?

사내 여름이라 휴양지 많이 가려나… 동남아 이런 데 많이 가나요?

여직원 1 고객님 가시려는 목적지가 어디시죠?

사내 어디 거리도 좀 있고 사람들이 많이 가는 데면 좋겠는데…

여직원, 슬쩍 사내의 외모를 훑어본다.
반듯한 차림이지만 자세히 보니 뭔가 불안정하고 흐트러진
느낌의 류진석.

진석 (여직원 시선 느끼고) 왜요?

여직원 1 (얼른 미소) 아닙니다.

진석 한시 사십 분 저거 승객 몇 명이나 돼요?

여직원 1 (애써 친절한) 저희가… 그런 정보를 드리기는 좀…

진석 왜요? 그냥 몇 명이나 타는지 물어보는 건데.

여직원 1 그런 걸 왜 물으시는지…

진석 그냥 궁금해서 묻는 건데 왜요? 뭐 이상해요?

여직원 1 그게 좀 혹시나 다른 손님들에게 피해가 갈 수도 있을 거

같아서 말씀드리기가 좀..

진석　피해? 무슨 피해?

여직원 1　(예의 바른) 어떤 피해라기 보단 고객님들의 정보를 함부로 유출시킬 수 없게 되어 있어서요…

여직원, 애써 친절한 미소를 지으면, 진석, 같잖다는 듯 피식 웃는다.
진석, 돌아서려다 말고 여직원에게 다시 다가와서는.

진석　저기요. 그렇게 웃지 좀 마세요. 제발.
걸레 같은 게 씨…

자리를 뜨는 진석. 그런 진석을 황당한 듯 쳐다보는 여직원.

3　구인호의 집 복도　Ⓓ

빌라촌의 중간 정원과 주차장에서 동네 사람들이 음식들을 나누고 동네잔치를 하고 있다.
그 모습을 보고 있는 뒷모습의 민정. 투덜댄다.

민정　아 또 무슨 잔치야 동네 시끄럽게.

그런 민정 옆으로 와서 서는 인호.

인호　시끄럽기는 다 도우면서 사는 거지.

러닝셔츠에 반바지 차림으로 자다 일어나 나온 구인호와 머리를 잔뜩 꾸민 딸 민정.

인호　가서… 끝나면… 고기나 좀 얻어오든지.

민정, 귀찮다는 듯 인호를 지나치며

민정 고기는 무슨… 아 곰국이나 드셔.
인호 (놀라며) 뭐? 곰국? 무슨 곰국. 엄마 어디 갔어?
민정 어디 가긴 휴가 갔지. 아빠 못 가면 엄마라도 간대.
맨날 휴가 빵구 내고 아빠 여행 가기 싫어하는 거 아니야?
인호 싫기는 무슨, 누가 안 가고 싶어서 그러나…?! 아, 언제 오는데?

복도를 지나 마당으로 가는 민정.

민정 곰국 떨어질 때쯤! 아 벌써 질려!

인호, 거실로 들어와 보면 엄청 큰 곰국 솥이다.
곰국 뚜껑을 열어보며—

인호 뭐야 이거 보름치잖아.

4 스카이코리아 티켓 부스 Ⓓ

재혁 우리 수민이 또 긁네? 간지러워도 참고 그래야 되는데.

보면 앞 씬에서 딸의 손을 잡고 지났던 사내다. 40대의 사내 박재혁. 그리고 그의 딸 수민. 수민은 티켓 부스에 줄을 서서는 팔이 가려워 긁고 있다.

수민 (억지로 참으며) 응…
재혁 좀만 참아봐… 아빠가 이따가 약 발라줄게. 응?
수민 응. 나 화장실 가도 돼?

차례가 다가왔지만, 딸의 손을 잡는 재혁.

재혁 그래 가자.

수민 (다음이 차례인 걸 알고) 계속 기다렸잖아.
혼자 다녀올게.

재혁 (뒤에 사람도 많다.) … 그럴래?

수민, 대답 없이 화장실로 뛰어간다.
재혁, 수민의 뒷모습 잠시 보는데, 마침 차례가 오고, 데스크 앞으로 간다.

5 여자 화장실 Ⓓ

수민, 총총히 들어와 보면, 한 무리의 단체 여고생들이 여자 화장실 안에 가득하다.
어찌할까 잠시 고민하다가 다시 밖으로 나오는 수민.
남자 화장실은 사람이 없다.

6 남자 화장실 칸 Ⓓ

웃통을 벗고 뭔가를 하고 있는 진석. 땀범벅이다. 갈비뼈가 기괴하게 드러나는 몸. 구슬땀. 부지런히 놀리는 손작업 사이사이로 언뜻언뜻 보이는 피 묻은 솜뭉치들. 의료용 작은 메스. 국소마취 주사. 작은 유리 캡슐 속에 들어 있는 백색 분말들… 겨드랑이를 째는 칼. 피가 흥건하게 튄다. 통증을 참느라… 끄악- 고통스러운 듯 호흡이 가빠지고 미간이 꿈틀대는 진석. 그러면서도 재밌다는 듯 웃는다.

몇몇의 남자들이 소변을 보고 있다. 물 내리는 소리와 함께, 잠시 후 상기된 표정으로 화장실 칸에서 나오는 진석. 세면대에서 손을 씻는다. 바로 옆 사람들도 눈치채지 못하지만 피가 섞여 배수구로 빠져나간다. 사람들이 모두 화장실을 빠져나가자 진석, 겨드랑이에 무언가가 거치적거리는지 셔츠를 몸 위까지 걷어 거울에 비춰본다. 보면, 겨드랑이 밑에 거즈가 붙어 있다. 고통이 느껴지는지… 테이프를 살짝 뜯어 캡슐을 다시 고정하고는 옷매무새를 바로잡는다. 이런 진석의 모습이 화장실 칸 문틈 누군가의 시선으로 보여지는데, 문득 시선이 느껴져 슥- 하고 카메라 쪽을 바라보는 진석. 그때 탁- 하는 소리와 함께 화장실 안, 누군가 문을 닫으려 하는데 잘 안 닫힌다. 어이없어 인상을 찌푸리는 진석.

진석 저기요…

천천히 화장실 칸으로 다가가고, 문을 닫으려는 안…
진석 서서히 화장실 문 쪽으로 다가간다. 막 문 앞에 서는데 그때,

재혁 (소리) 수민아, 수민아!

진석, 고개 돌리면 재혁이가 서 있다. 재혁이는 진석을 보지 않고

재혁 너 왜 여기 있어?

그제야 칸에서 모습을 드러내는 수민.

재혁 안 와서 걱정했잖아. 왜 여기 있어.
여자 화장실 사람 많아서 온 거야?

재혁이가 수민의 손을 잡고 문 앞으로 걸어가자 진석, 등을 돌리다가 살짝 비켜준다. 걸어가는 재혁과 수민의 뒷모습을 바라보는 진석.

8 인호의 차 안 / 면세점 Ⓓ

거리에 차가 가득하다. 인호, 운전 중 핸즈프리에 대고

인호 아니 왜 그렇게 전화를 안 받으십니까?

[면세점]
화장품을 고르고 있는 인호의 와이프 정혜윤.

혜윤 공항에서 할 게 얼마나 많은데. 왜??!

웃는 아줌마들. 신이 났다. 하지만 말만 퉁명스럽게 하는 혜윤.

인호 아니 휴가 못 간 게 내 탓인가… 회사에서 갑자기 일이 생겨서 그런 걸 또 그렇게.. 응?
혜윤 평생 그렇잖아. 평생.
인호 아니… 뭘 평생은. 이번 한 번 딱 그런 거지. 저번이랑…
혜윤 됐구. 곰국 냉장고에 넣었어?
인호 당연하지. 식자마자 잘 챙겨서… 딱딱 소분해 놨지. 벌써. 누가 해놓은 건데.
혜윤 애 배달음식 먹게 하지 말구! 끊어. 나 바빠!

하고 뚝 끊는 혜윤.
"이거 어울려?","잘 어울리네." 면세점에서 선글라스를 써보는 혜윤. 혜윤을 봐주는 친구 미량. 꺄르르 거리는 중년의 여성들.

인호　이 여자가 진짜…

하며 웃는 인호. 인호의 차 밖으로 거수경례하는 의경이 보인다.
경찰서로 들어오는 인호의 차.

9　경찰서　Ⓓ

경찰서로 들어오는 인호, 형사들은 패싸움한 것으로 보이는 건달들을 취조하고 있다. 껄렁해 보이는 윤철. 복사를 하고 있다.

윤철　아니 어제 늦게 들어가셨는데 좀 주무시지.
이렇게 일찍 나오시고.

인호　관내에서 싸우는 통에 비상 걸려 가지고 휴가도 못 가고
이 새끼들아. 보름 동안 곰국만 먹게 생겼다.

자리에 앉는 인호, 그때 시큰둥 졸린 듯 전화를 받고 있는 형사1.

형사1　아니. 그걸 왜 우리가 가. 신고받은 니네들이 가지.
아니 니네도 가깝잖아.

"아 몰라몰라." 하며 졸린 듯 전화를 끊는 형사1.
인호, 안경을 쓰고 결재서류를 체크하며

인호　왜?

형사1　아니… 청에서. 무슨 초딩 애들이 신고 들어왔는데
여기 근처라고 우리 보고 가보라네, 진짜.

윤철　무슨 신고.

형사1　아 몰라요. 무슨. 비행기 테러한다고 누가 동영상을 올렸는데
지네 동네 아저씨 같다고 했다나.

인호　비행기 테러?

형사1 네… 오늘 한대요. 그것도.
인호 오늘?

10 인천공항 외부 Ⓓ

버스에서 짐을 내리는 한 무리의 승무원들. 분주한 모습이다.
태은의 짐 빼는 걸 도와주는 희진.

태은 이박삼일이라 그래도 짐이 얼마 안 돼요.
희진 (웃으며) 그러게.

사무장 희진. 그리고 태은, 시영, 인선, 경숙 등 자기의 짐들을
꺼내는 한 무리의 승무원들.

11 경찰서 구석 Ⓓ

형사들, 구석 의자에 앉아 담배를 피우고 종이 커피를 들고
얘기를 나눈다.
귀에다 핸드폰을 대고 소리를 듣고 있는 인호.
잘 안 들린다. 영어다.

소리 …… What a life it was. Some life. I'm gonna do a terrorist attack tomorrow. Wanna know where? On a plane. I'm gonna attack a plane… (잘 들리지 않는다.)
인호 무슨 영어로 이런 거를… 뭐 어디 비행기 이런 얘기는 없고?
윤철 그런 말은 없고 그냥. 테러하겠다는 거예요. 비행기에.
인호 (의심스러운) 너 영어 잘 모르는 거 아니야?
이렇게 말 길게 하는데.

윤철 아 맞다니까요. 지금 이게 얼마나 어려운 영언데.
형사1 그냥 장난이에요. 무슨 테러 예고를 인터넷에 해요.
그리고 비행기 테러가 쉽나. 요즘 검문 이런 게 얼마나
심한데요… 삐삐삐삐.

인호, 소리가 잘 안 들리는지 다시 귀에 갖다 댄다. 그러더니

인호 이거 여기 이 옆에 있는 거지 아파트?

"네?" 갑자기 불안한 형사들. 앉아 있던 인호,
일어나며 느긋하게,

인호 뭐 가까우니까 슬. 다녀오지 뭐. 내가 갔다 올게.
형사1 아니 팀장님. 그냥 애들 장난이라니까요.
인호 아니 아는데. (일어나며) 소화도 시키고. 바람도 쐴 겸.
슬슬 다녀오지 뭐.

하고 경찰서를 걸어나가는 인호.
"팀장님. 진짜 가시게요? 하는 윤철.

인호 딸. 엄마 어디로 간다고 했지?
민정 (소리) 나 수업 중이야 끊어.
인호 야야.

뚝- 끊기는 전화. "아 진짜…"
윤철, 종이 커피를 버리고 담배를 끄며 형사1을 구박하곤 인호를
따라간다.

윤철 아니. 이 새끼는 쓸데없는 말을 해가지고.
아씨… 팀장님. 같이 가요…

수민의 딱지 앉은 팔에 연고를 발라주는 재혁. 그런 재혁에게
성큼성큼 다가오는 진석.

재혁 좀만… 참아. 거기 가면, 공기도 좋고 해서 그냥 가만히만
있어도 이거 엄청 좋아진대.

진석 몇 살이에요? 이쁘게 생겼네.

재혁 아이 깜짝이야.

재혁, 놀라 돌아보면 재혁 바로 뒤에 서 있는 진석이다.
시선은 수민에게 가 있다.

진석 어디 여행 가시나 봐요?

재혁 네?

진석 엄마가 안 보이네. 부인은 안 계세요?

재혁, 진석의 사적인 질문에 불쾌한 듯 쳐다본다.
그런 재혁을 무표정하게 바라보는 진석. 재혁, 별 뜻 없어 보이는
진석의 무심한 시선을 보고 이내 관두자는 듯 다시 시선을
돌린다.

진석 어디 가시는 거예요?

무시하는 재혁.

진석 하와이 가시는구나.

재혁, 어떻게 알았나 보면, 자신의 의자 옆에 놓아둔
비행기 티켓을 들여다보고 있는 진석.
재혁, 기분 나쁘다는 듯 잽싸게 티켓을 집어 든다.

재혁　(짐 챙겨 일어서며) 수민아 가자.

진석　아저씨 이혼하셨죠?

재혁이 가려다 다시 돌아온다.

재혁　나 알아요?

진석　아니요.

재혁　근데 왜 자꾸 꼬치꼬치 캐물어요.

진석　그냥 묻는 건데 왜요?

재혁　왜요는 뭔 왜요야? 사람 짜증 나게. 와이프가 있냐 없냐. 당신이 그거 알아서 뭐 하려고?

이때 수민이가 재혁을 끌고 간다. 수민, 재혁에게 귓속말로 뭐라고 하자, 재혁, 그런 수민의 말을 듣고는, 의심스러운 눈빛으로 진석을 훑어보고는 자리를 뜨려 한다. 그러자 버럭 재혁을 잡는 진석.

진석　애가 뭐래요?

재혁의 옷깃을 붙잡은 진석. 재혁은 그런 진석을 떨쳐내며

재혁　(황당한) 이 사람이, 왜 이래?

진석　애가 지금 나보고 뭐라고 했잖아요?

재혁　(손 뿌리치며) 이 사람이 미쳤나? 저리 안 가?! (수민이 손 잡고) 가자. 수민아. 별 이상한 놈 다 보겠네.

재혁, 수민의 손을 끌고 자리를 벗어나며 기분 나쁜 듯 돌아보면 멀리 보이는 진석, 표정을 살필 새도 없이 사람들 때문에 가려지더니 결국 보이지 않는다. 사람들 너머 보이는 커다란 비행기.

빽빽이 들어선 아파트 숲 사이 주차장.
일련의 초등학생 무리들이 주차장 구석에 앉아 아이스크림을 빨고 있다. 아이들 앞에 앉아 있는 인호, 윤철은 옆에서 귀찮은 표정으로 허리운동을 하고 있다.

인호 니들 이 동영상… 얼굴도 잘 안 보이는데.
영어로 막 말하고. 무슨 말인지도 모르면서 괜히 장난하는 거면 그 하드 값 다 받아낸다.
아이1 진짜거든요. 난 딱 보니까 알겠던데. 화면 완전 밝게 해서 보면 잘 보여요.
아이2 그리구. 그게 무슨 영어라고. 완전 초딩 영언데.

하며 자기들끼리 완전 원어민 수준으로 영어로 얘기하는 아이들.
스윽- 윤철을 보는 인호.

윤철 (난처한) 역시 비싼 동네라. 이 애들이 고급 교육을 다 받고…
인호 … 뭐 또 이상한 건 없고?
아이1 그런 건 없었는데?
아이2 쓰레기 남의 집 앞에 갖다 버리고 그랬잖아.
그래서 막 사람들이랑 싸우고.

"맞아… 맞아." 웃는 아이들. 귀엽다는 듯 웃는 인호.
아이들의 머리를 쓰다듬으며 일어난다.

윤철 에휴… 그냥 누가 장난한 거라니까요.

보면, '서울시장은 재개발을 허락하라!' 하며
아파트에 플래카드들이 붙어 있다.
복도식 아파트, 칸칸이 빽빽한 아파트다. 복도를 걸어,

입구로 걸어가는 인호와 윤철.
입구 옆, 쇠창살이 쳐진 유리창을 보는데…
이상하게 창이 비닐로 막혀 있다.

윤철 팀장님, 이제 그만 가요. 소화도 다 시켰는데.
이래 봬도 여기가… 한 채에 40억은 하는 아파트예요.
재개발이 안 돼서 그렇지. 주거침입죄 이런 걸로 신고당하면,
아휴 골치 아프다니까요.

하는데 인호, 무심코 문을 열면 문이 열려 있다.
서로 쳐다보는 인호와 윤철. '문이 왜 열려 있지.' 하는 느낌.
그때 훅- 하고 뭔가 역한 냄새가 난다.
'뭐지…' 하고 서로 얼굴을 쳐다본다.

인호 뭐야 이거…
윤철 뭐… 쓰레기 안 버렸겠죠. 우리 집에서도 이런 냄새나요. 가요.

하며 인호를 잡아끄는데, 왠지 불안한 인호.

인호 니가 가볼래?

고개를 절레절레 흔드는 윤철. 그럴 줄 알았다는 듯 윤철을
흘기고 안으로 들어가는 인호.

인호 (아주 작게) 저기… 문이 열려가지고…

14 스카이코리아 티켓 부스 Ⓓ

진석의 여권 사진을 확인하는 티켓 창구 여직원,
진석의 얼굴과 비교해본다.

여직원2 뭐 급한 일이신가 봐요? 예약도 안 하시고.
진석 (대꾸 없는)
여직원2 (여권의 미국 비자를 확인하며) 하와이에서 돌아오시는 건 언제로 해드릴까요?
진석 그냥 가는 것만 해줘요. 원웨이.

15 진석의 집 Ⓓ

불빛 하나 들어오지 않는 어두운 집 안으로 걸어 들어가는 인호.
어두운지 핸드폰을 꺼내 조그만 불빛으로 주위를 살핀다.
그리 넓지 않은 평수에 깔끔한 살림살이.
창문마다 두꺼운 비닐 테이프로 빛이 새지 않게 다 막아 놓아
칠흑같이 어두운데, 어렴풋이… 풍만한 가슴을 드러낸 비너스의
그림이 보인다. 흔한 르네상스풍의 그림.
멀리 베란다 쪽 틈에서 빛이 들어오고, 그 빛을 향해 인호는
천천히 걸어간다.

16 기내 Ⓓ

아직 승객이 탑승하지 않은 기내. 원 기장과 장 기장, 현수,
승무원들과 브리핑을 한다.

원 기장 (기상 리포트 보며) 인천공항 넘어가면서부터 날씨가 안 좋네.
현수 네… 비행하는 내내 터뷸런스가 심할 거 같은데…

원 기장 연료를 좀 여유 있게 넣어둘게요.
그리고, 최대한 흔들리지 않고 가긴 할 건데 그래도 예기치 않게 흔들리면 제가 시그널을 두 번 울리고 기장 방송을 하겠습니다.

고개를 끄덕이는 희진과 태은, 시영, 승무원들.

17 보안 검색대 Ⓓ

재혁과 수민이 보안 검색대를 통과하고 있다.
검색대를 빠져나가자 그 뒤로 보이는 진석의 모습.
보안 검색대에 천천히 서는 진석. 이윽고 차례가 되자 검정 서류가방을 검색대 위에 올려놓는다. 진석은 양팔을 들어 금속 탐지기 검사를 받는다. 겨드랑이를 스치는 금속 탐지기. 하지만 아무런 반응을 보이지 않는다. 검색대를 무사히 통과하기 직전, 진석의 소지품을 보고 묻는 보안요원.

요원 이게 뭐죠?

보면, 주사기처럼 생긴 작은 분무기와 파란색의 캡슐.
겨드랑이에 넣었던 하얀 캡슐과는 다르다.

진석 아… 이거… 천식요.

들어서 자기 코앞에서 푹푹 누르자 바람이 푹푹 나간다.
보안요원 보면, 캡슐들을 보는데, 파란색의 천식용 캡슐.
살펴보더니… 통과시키는 보안요원. 진석, 짐을 갖고 나간다.

18 진석의 집 Ⓓ

천천히 걸음을 옮겨, 베란다 커튼 틈에서 빛이 빠져나와 그래도 밝은 곳으로 간 인호, 생화학 원서들, 그 옆으로는 영어로 휘갈겨 쓴 노트들을 발견한다. 그러다 그 옆쪽, 베란다 맞은편으로 방이 하나 더 있는 걸 발견하는 인호. 그 방은 빛이 닿지 않아 완전히 어둡다.

19 탑승 게이트 앞 Ⓓ

승객들이 탑승 게이트로 들어가고 있다. 재혁과 수민.
70대 노부부인 한 박사와 한 박사 남편이 들어간다.
석필호와 오윤석이 포함된 단체 골프팀도 나가고 있다.
교환학생들, 고등학생들. 일상적이지만 아무래도 하와이다 보니 다들 설레는 기분이다.

20 비행기 조종석 스케치 Ⓓ

현수는 비행기 항법장치에 좌표와 항로, 날씨 값 등을 입력하고 있다.
모니터를 보며, 각종 기기의 상태를 체크하는 장 기장.

21 진석의 집 Ⓓ

핸드폰 불빛에 의지해 어둠 속으로 더 깊이 들어가는 인호.
그때 툭- 하고 머리에 부딪히는 무엇인가. 보면 전등의 스위치 버튼이다. 전원을 켜는 인호.
불이 켜지는데, 보면, 아주 깨끗이 정리가 되어 티끌 하나 없는 화장실. 욕조에 비닐이 쳐 있는데 왠지 수상해 보이고 심상치 않아 보인다. 그쪽으로 천천히 다가가는 인호.

22 기내 Ⓓ

재혁은 수민의 안전벨트를 점검한다. 승객들의 이륙 직전 표정들. 그때 비행기로 들어오는 진석, 재혁은 그런 진석을 발견한 뒤 같은 비행기라는 게 왠지 찜찜하지만 안으로 들어가려는 사람 때문에 자리에 자연스럽게 앉게 된다. 승무원들, 희진, 승객들을 친절하게 맞이하고 있고.

23 진석의 집 화장실 Ⓓ

상기된 얼굴로 욕조의 비닐로 천천히 다가가서 스윽- 비닐을 치려는데, 순간 따르릉- 울리는 전화. 덜컥 되려 놀라는 인호다.

민정 아 왜?!
인호 아니. 엄마 어디 갔냐고.
민정 하와이. 하와이. 나 전화하지 마. 수업이야.

하고 딱 끊어버리는 전화. "이게 진짜." 하며 짜증이 나지만 참고, 전화기를 주머니에 넣고, 용기 내어 다시 비닐을 확- 열어보는데, 욕조에는 아무것도 없다. 뭐지 하는 느낌으로 다시 나오는 인호.

24 탑승 게이트 / 기내 Ⓓ

뒤늦게 오는 혜윤과 친구들. 왁자지껄하다.

혜윤 아이고 못 탈 뻔했네. 죄송합니다.

손에 잔뜩 면세품들이다. 그들이 지나가자 승객이 다 탔다는 사인을 보내는 승무원들.
깔깔거리는 혜윤 패거리들은 여행 가는 게 좋은지 즐겁게 웃는다.
희진, 탑승 게이트와 사인을 보내며, 문을 닫는다. 쿵- 하고 닫히는 기내. 완전히 밀폐된 느낌이다.

25 활주로 Ⓓ

낮게 안개가 드리워진 활주로. KI501 활주로에 진입한다.
그 위에 -대화 내용 필터 처리 音(음).

원 기장 **KI501. Ready for Take off RWY 15R** (15번 오른쪽 활주로에서 이륙 준비 완료.)

타워 **KI501. Roger. Cleared for take off RWY 15R Wind 150 at 7 knots.** (알겠습니다. 15번 오른쪽 활주로 현재 150도 방향에서 7노트의 바람이 붑니다. 이륙하세요.)

현수 **KI501. Cleared for take off RWY 15R.** (15번 오른쪽 활주로 확인했습니다. 이륙합니다.)

비행기, 엔진이 빠르게 돌기 시작하고 활주로를 가속해 나간다.
흔들리는 객실의 혜윤, 재혁, 진석.

26 진석의 집 Ⓓ

화장실을 나오는 인호. 화장실 불이 켜져 있어서 그 불빛에 들어왔던 방의 형태가 보이는데, 인호의 뒤쪽으로 무슨 희멀건 사람의 형체가 보이는 듯하다. 뒤늦게 그 형체를 발견한 인호, 굳어지는 얼굴로 그 형체를 바라본다. 끔찍한 몰골의 피투성이 남성 시체가 나체로 비닐에 싸여 있다.

27 활주로 Ⓓ

KI501이 서서히 활주로를 밟고 강하게 이륙한다.
바퀴가 기체 안으로 서서히 들어간다. 쿠왕- 굉음을 내며 하늘 위로 멀어져 가는 KI501.

28 진석의 집 앞 Ⓓ

엄청나게 빽빽한 집들이 칸칸이 밀집해 있는 아파트의 모습. 폴리스 라인이 쳐진 집 앞에 경찰들과 구경 나온 동네 주민들이 복잡하게 얽혀 있다. 동네 꼬마들은 신나는 일인 듯 복도를 이리저리 뛰어다닌다.

29 진석의 집 화장실 Ⓓ

커튼을 걷어서 어두운 실내가 많이 밝아져 있는 진석의 집.
과학수사대와 형사들이 오간다.
형사2, 인호에게 청심환을 주면, 잔뜩 얼굴을 찡그린 채 받는다.

형사2 아니. 그러게 윤철이 보내지… 왜 직접 들어가셔서…

인호 저 새끼가. 들어가라니까. 안 들어간다고.
아이 심장 떨어질 뻔했네.

청심환을 먹는다. 멀리서 분주히 전화를 하고 있는 윤철.
고개를 갸우뚱거리는 과학수사.

인호 왜?
과학수사1 이거 특이하네요…

과학수사팀이 화장실 바닥에 있는 사체를 살펴보고 있다.
피로 엉겨 있어 확실치는 않지만 덩치가 있는 근육질의 중년 남성이다. 그 주위로 마스크를 쓴 인호와 다른 형사들.

과학수사1 부검을 해봐야겠지만 육안으로 볼 때도 후두부 골절이 있어요.
출혈도 심했고요.
인호 그게 사인인가?
과학수사1 그게 좀 이상한데요… 그거는 1차 공격을 당한 흔적이고 막상 사인은… 모세혈관 출혈과… 토혈이 있는 거 보니…
인호 뭔데?
과학수사1 무슨 독극물 같기도 하구요…
인호 (뭔가 꺼림칙한) 윤철아, 수배 내렸지.

밖에서 전화하고 있는 윤철, 통화하고 있다고 고개를 끄덕인다.
그때 옆에서 딴 것을 살피던 과학수사2.

과학수사2 저기요 팀장님… 여기…

다들 보면 6mm 테이프들, 캠코더 등의 자료들이다.

햇빛이 쨍하게 비치는 조종실.

장 기장 저는 이제 좀 자러 갑니다.

하며 뒷좌석에 앉아 있던 장 기장, 나가려 하면

원 기장 응. 푹 좀 자. 많이 피곤해 보여.
장 기장 그래야겠어요. 어제 좀 달렸더니..

하며 웃는 장 기장.
나가면, 갤리에서 음료를 준비하던 태은을 만난다.

장 기장 나 교대까지 좀 잘게요. 식사는 괜찮아요.
태은 네.

햇빛이 쨍하게 비치는 기내 안. 비즈니스, 골프회원들은 각자 즐거운 얘기들을 하고 있고, 승무원들은 음료를 나눠주고 있다. 그 옆으로 서로를 챙겨주는 점잖은 노부부. 한 박사 부부다. 이코노미에선 혜윤과 미량, 고등학생들이 모두 식사하며 들떠 있다.

[Cut to 갤리]
승무원들 음료들을 나르고, 분주히 식사를 준비하고 있다.
띵- 소리에 승무원, 좌석을 확인하면,

인선 또? 벌써 몇 잔째야.
경숙 그러게.
희진 왜?
인선 아니… 지상에서부터 술을 많이 드셔서요.

[Cut to 객실]

어느 자리로 다가온 희진. 누군가에게 말을 건다.
재혁의 목소리만 들리고 얼굴은 보이지 않는다.

희진 손님. 너무 많이 드신 거 같은데 괜찮으시겠어요?
재혁(소리) 네 괜찮아요. 그냥 주세요.
희진 차가운 음료 한 잔은 어떠신가요?
재혁(소리) 아니, 그냥 술 주세요…
희진 그게 규정상… 지금 술을 너무…
수민 우리 아빠 비행기 무서워해요.

보면, 그제야 보이는 재혁. 담요를 뒤집어쓰고 누워 있다가
억울한 듯 얼굴만 내민다.

재혁 수민아…
수민 그래서 자꾸 술 마시는 거예요. 무서워서.
재혁 (괜히 창피해서) 에이. 무슨 말이야 어른이 무슨 비행기를 무서워해.

그때, 쿵- 하고 비행기가 터뷸런스 때문에 훅- 하고 울렁인다.
그러자 자기도 모르게 손잡이를 들썩- 하고 잡는 재혁.
겁이 잔뜩 나 있다.
왠지 그 모습이 귀여워 보이는데, 살짝 웃는 희진.

희진 마시던 걸로 드릴까요?
재혁 (수민을 보며) 마시지 말까?

하고 묻는 재혁. 수민, 고개를 끄덕인다.

재혁 그래.

희진을 보며 눈인사를 하는 재혁. 웃어 보이는 희진. 희진 가면-
긴장한 표정의 진석, 다들 밥 먹는데 일어나서는 화장실로 간다.
그리고 화장실 문을 잠근다.

31 진석의 집 안 / 기내 화장실 Ⓓ

6mm 테이프들, SD카드들에 clinical trial 1, 2… 등 숫자가 적혀 있고, 그 옆 노트북으로 화면이 재생되고 있다. 거친 화면 속, 방역복에 마스크를 쓴 사내가 수십 마리의 실험용 쥐가 있는 밀폐된 투명 케이지 안에 시약 스푼으로 정체불명의 백색 가루를 조금 떨어뜨린다. 그러자 잠시 후, 쥐들이 고통스러운지 살겠다고 케이지를 탈출하려 미친 듯이 뛰어올라 보지만 소용없다. 이내 격렬한 반응을 보이면서 피를 토하고 죽는다. 그러더니 수십 마리의 쥐들이 연쇄적으로 피를 토하고 죽어가는 모습.
눈알에서 흐르는 빨간 피가… 끔찍하다. 다들 놀라 서로를 본다.

윤철 뭐야… 이거?

[기내 화장실]
겨드랑이를 째고 있는 진석. 아프다.
헉헉거리며 겨우 고통을 참는 진석.
보면, 겨드랑이에서 무언가를 꺼냈다. 작은 캡슐.
보면 캡슐 안에 하얀 가루가 가득하다.

[진석의 집]
인호 저 하얀 게 뭐지? 저거 뿌리니까 지금 다 죽는 거잖아.

[기내 화장실]
천식기를 꺼내서… 원래 들어 있던 천식 캡슐을 뽑아 버리고,
그 안에 겨드랑이에서 뽑은 하얀 가루가 가득한 캡슐을 꽂아 넣는

진석. 매우 조심스럽다.

[진석의 집]

인호 저게 독극물이야?

과학수사1 아니… 감염되는 거예요.

인호 감염이라니?

과학수사1 가루가 닿지 않은 쥐들도… 죽잖아요. 혈관 터지고. 내장 출혈하고.

과학수사3 바이러스 같아요. 바이러스가… 액상에는 오래가지 못하기 때문에… 배양액에 키운 걸… 저렇게 얼려서 가루로 만들거든요.

화면. 다시, 하얀 가루를 쥐에게 쏟는다.
문득 쓰러져 있는 시체를 보는 과학수사1.

과학수사1 키트 있지? 탐지 키트?

[기내 화장실]

주사기가 스윽- 보이더니, 하얀 가루가 푹푹 뿌려진다.
아주 작게 서서히 나가는 분말.
굉장히 조심스러운 진석의 얼굴. 손에서 뿌려지는 모습.
화장실 곳곳에 뿌린다. 등이 굽어 보인다.

[진석의 집]

6mm 테이프마다 적혀 있는 숫자를 확인하는 이들.
날짜가 지나감에 따라 시간을 나타내는 것으로 보이는 숫자가 점점 줄어든다. 테이프를 체크하며 비디오를 갈아보는 과학수사3.

과학수사3 이거… 시간이 계속 주는데요?

인호 시간이 줄다니?

과학수사3 바이러스가 발진하는 시간을 줄이는 실험을 한 거예요.
잠복기를 줄이려구요.

인호 왜 그러는데. 잠복기를 줄여서 뭐하게.

모두 아무 말도 안 하지만 머릿속에 불길한 예감이 스친다.
그때 "팀장님." 하는 소리. 보면,

[기내 화장실]

가루를 뿌리는 진석의 눈. 아주 조심스럽다. 광기에 찬 눈이다.
곳곳에 가루를 뿌려둔다.

[진석의 집]

시체로 다가오는 인호와 과학수사1, 윤철. 과학수사2,
키트를 보더니.

과학수사2 양성이에요. 이 사람, 바이러스로 살해된 겁니다.

놀라는 인호, 윤철. 시체에서 자기도 모르게 멀어진다.

32 비행기 안 Ⓓ

천천히 화장실에서 나오다가 문득 멈춰서는 진석. 살짝 웃는다.

진석 화장실 가게?

수민 (겁먹은 듯 끄덕끄덕)

수민, 아무 대답 못한다. 진석이 슬쩍 다가가자 겁먹은 표정으로
주춤하는 수민.

진석 아저씨 무서워? 아저씨 나쁜 사람 아니야.

수민 …

진석 (피식) 화장실 갈래? (슬쩍 비켜주면)

수민, 겁먹은 표정으로 지나쳐 가려는데. 때마침 비즈니스에 있던 필호, 급하게 와서는.

필호 잠깐만요. 내가 너무 급하네…

필호, 화장실 안으로 서둘러 들어간다. 화장실 문이 닫히자,

진석 꼬마 운 좋네.

그러더니 수민에게 귓속말을 한다. 뭐라고 하는지는 몰라도, 얼음처럼 어는 수민.
진석은 웃으며 간다.

33 기내 화장실 안 Ⓓ

변기에 앉아 핸드폰 게임을 하며 일을 보는 필호. 한창 힘을 주고 있는데 머리 위로 하얀 가루가 스르륵 떨어진다. 필호, 위를 보면 환기구 쪽에서 떨어지는 하얀 가루들. 머리를 털어보면 하얗게 날리는… 귀찮은 듯 손으로 하얀 가루를 털어낸다.

34 진석의 집 앞 Ⓓ

인호, 빠르게 집에서 나오며

인호 위치 땄어? 비행기 탄 거야?
윤철 아니. 그게 핸드폰도 없고. 신용카드도 없어서 추적이 안 돼요.

인호 … 일단 출입국 관리소로 가자… 얼마나 걸리지?

35 비행기 통로에서 비즈니스석까지 Ⓓ

비즈니스석으로 온 필호.

필호 (승무원 시영에게) 화장실 말이야. 비즈니스 사람 있어서 이코노미 갔는데. 자꾸 위에서 뭐가 떨어져. 진짜 수준 하곤.

하자, 졸던 장 기장, 그들을 돌아본다.
자리에 앉으면서 머리를 터는 필호.

골프1 그러게 이코노미를 왜 가.
필호 여기 사람 있었다니까.

옆자리 회원, 질겁해서 "아, 더러워!" 하얗게 흩날리는 가루들… 그 가루가 장 기장 쪽으로 흘러간다. 자기도 모르게 그 가루에 닿은 장 기장. 시영은 급히 이코노미 쪽으로 간다.

36 기내 화장실 Ⓓ

시영, 화장실을 살펴본다. 별반 이상할 게 없는 내부.
바닥엔 하얀 가루가 군데군데 떨어져 있다.
시영, 바닥에 떨어진 하얀 가루를 손가락에 묻혀 냄새를 맡아본다. 뭔지 모르겠다는 듯 휴지에 물을 묻혀 훔쳐내는 시영.
하지만 아직도 떨어져 내리는 하얀 가루… 시영의 옷깃과 등 쪽에도 묻어난다.

37 거리 ⓓ

차들로 꽉 막혀 있는 도로… 윤철이 운전을 하고, 혜윤에게 계속 전화를 하는 인호다. 하지만 전화를 받지 않는지 "아 왜 전화를 안 받고." 왠지 불안한 인호.

인호 설마. 뭐… 하와이는 아니겠지?

윤철 네?

인호 … 아니, 아니야… 야야 신호 뚫렸다. 신호.

말하자, 조급해진 윤철, 속도를 내 더 밟는다.

38 기내 재혁 자리 (창문이 많이 닫혀 있다) ⓓ

혜윤은 맥주를 마시며 영화를 보며 웃고 있다.
터뷸런스가 살짝 있고… 눈을 감는 재혁.
그때 문득 옆을 보는데…

재혁 그게 뭐예요?

노트북으로 인터넷을 하고 있는 30대 초반의 종수.

종수 아… 이거… 항공 와이파인데 카드로 긁어요.
한 시간에 9달러. 근데 비싸기만 하고 엄청 느리네요.
돈 벌라고 진짜.

재혁 아니. 그거, 동영상요.

종수 아 이거. 친구 놈이 나 비행기 타는 거 알고 놀린다고
보내왔어요. 비행기 테러 예고 동영상이라나..

재혁 … 좀. 봐도 돼요?

종수 네…

하고 노트북을 주는 종수. 영상이 처음으로 보인다.

영상 This is it. This is where it all ends. End of the road. What a life it was. Some life. I'm gonna do a terrorist attack tomorrow. Wanna know where?
On a plane. I'm gonna attack a plane.
Did you think I wanted to do this? Do you think I ever dreamed of dying like this? In a million years, I didn't want to do this.

하지만 너무 어두운 곳에서 찍은 영상이라 정확히 보이지 않는데 꼭 진석 같은 느낌이다.
다시 한번 보는데 확실한 거 같은 느낌.

종수 뭐 그냥… 장난이겠죠.

재혁, 고개를 들어 진석을 보자, 진석은 영자 신문을 들고 읽고 있다. 갑자기 뭔가 불안한 재혁.

재혁 수민이… 어디 갔지?

39 기내 복도 Ⓓ

복도 끝에서 수민이를 찾은 재혁. 왠지 잔뜩 겁먹은 수민이다.

재혁 수민아. 왜 여기 있어…
수민 …
재혁 왜 그래 수민아… 응?

겁에 질려 있는 수민.

갤리에서 노트북으로 희진에게 동영상을 보여주고 있는 재혁.
종수도 옆에 서 있다.

희진 너무 어두워서… 이게…
재혁 (좀 흥분해서) 맞다니까요. 양복 입었다고 생각하면…
똑같잖아요…

승무원으로서 고민하는 희진.

재혁 제가 아는데… 겨드랑이에 뭐 숨겨왔어요…
뭐 폭탄이나 그런 건 아닌 거 같고.
위험한 무기나 그런 걸 수도 있잖아요, 조그만 칼 같은 거.

곤란한 듯, 경숙과 눈을 마주치는 희진. 답답한 재혁. 억울하다.

재혁 우리 애한테 무슨 소리 한 줄 아세요? 얘기해봐.
그 아저씨 뭐라 그랬어…
수민 …
재혁 괜찮아. 얘기해 수민아.
희진 (눈높이를 맞춰 앉으며) 아저씨가 뭐라 그랬어?
수민 우리… 여기 있는 사람들… 다 죽는다구.

놀라는 희진, 경숙, 인선.

[Cut to]
진석. 다른 쪽 화장실이 열리자 가려는데… 갑자기 희진이 온다.

희진 저기. 손님.
진석 네…

희진　혹시 신분증이나 명함 같은 걸 볼 수 있을까요?

진석　왜요?

희진　아니… 다른 손님 중 한 분께 불쾌한 말씀을 하셨다는 얘기가 있어서요.

진석　무슨 불쾌한 말이요?

재혁은 그들을 주시하고 있다. 진석은 재혁을 슬쩍 돌아보는데, 피하지 않고 진석을 노려보는 재혁.
멀리서 진석과 희진은 뭔가를 침착하게 얘기한다.
그러더니 꾸벅 인사하는 희진.
재혁이 있는 갤리로 오는 희진.

희진　저분 박사님이시더라고요.

재혁　박사요?

희진　(명함 건네며) 하와이에 학회 때문에 가신다는데..

재혁, 손에 들린 명함 보면, 'BRICOM 미생물 연구소
상임 연구원 박사 류진석'
믿어지지 않는 듯 고개를 젓는 재혁.

희진　그런 말 한 적 없다고 하시는데… 얘가 없는 말 한 건 아닌 거 같고… 저희가 계속 지켜볼게요. 너무 걱정 안 하시는 게…

왠지 믿음이 가는 희진의 말투와 눈빛. 진석이 의심스럽지만 고개를 끄덕이는 재혁.
재혁 쪽을 힐끔 돌아보는 진석.

41 기내 갤리 Ⓓ

뒤늦게 온 시영. 갤리에 불을 켜놓고, 태은이 기장들의 식사 준비를 하고 있다.

태은 시영아… 그쪽에 스테이크 남은 거 있지? 그거 좀 준비해줄래? 응, 부기장님 식사.

시영 아, 네…

미역국을 준비하는 태은.

태은 기장님은 미역국. 기장님은 고기를 잘 안 드시거든.

시영 네. 네.

하며… 스테이크를 접시에 담는 시영. 그때 시영의 옷자락에 묻었던 가루가 살며시 떨어진다. 스테이크 위에 떨어지는 가루. 아주 디테일하게 보여진다.

42 기내 조종실 Ⓓ

똑똑똑. 현수, 문을 열어주면, "식사하세요." 웃는 태은.

태은 이거는 기장님 미역국이구요. 이거는 부기장님 스테이크요.

원 기장 어. 나도 스테이크 먹고 싶은데?

태은 육식 잘 안 하시잖아요?

원 기장 그땐 한약 먹을 때였지. 얼마나 지긋지긋했는데…
내가 하도 체질이 약해서 감기도 유행하는 건 다 걸리고
남보다 오래 가.

태은 다시 가져다 드릴게요.

현수 아니요. 수고스럽게 그럴 거 없어요. 이거 드세요.

제가 그거 먹죠.

태은　아 다시 갖다 드려도 되는데…

현수　괜찮아요.

웃고 조종실을 나가는 태은. 원 기장, 막 식사 시작하면
음식 표면에 묻은 백색 가루들이 조명에 빛나 보인다.
원 기장의 입 속으로 들어가는 백색 가루.
현수와 둘은 아무것도 모르고 웃으며 얘기한다.

43　출입국 사무소 Ⓓ

직원 승객명단을 뽑아 오면서,

직원남　진짜 탑승했는데요. 류진석.

인호　!

윤철　동명이인 아니죠?

직원남　주민등록번호가 일치해요.

인호　편명이 뭡니까?

직원남　KI501. 호놀룰루행이요.

인호　아오… 씨. 놀래라…

직원남　네?

인호　아니. 그게 아니라…

약간 다행이라는 생각이 든 인호.
그러더니 머리에 뭔가 빡- 맞은 느낌. 멈춰 서서는

인호　잠깐. 이… 호놀룰루면. 이게. 하와이… 잖아.

놀라며 보는 인호. 출입국 관리소 직원의 서류를 뺏어서 본다.
함께 놀라서 보는 윤철.

윤철 왜 그러세요?

보면 와이프 이름이 있다. 정혜윤.

인호 미치겠다 진짜.
윤철 왜요… 팀장님. 예?

후다닥- 걸어가는 인호. 뒤따라가는 이들.

44 기내 화장실 앞 Ⓓ

진석, 천식기를 주머니에 넣고, 화장실을 가려는데, 마침, 혜윤이가 앞쪽으로 와서는 불쑥 먼저 들어간다. 짜증이 나는데 참는 진석. 화장실 앞에서 기다리는 진석을 보는 재혁. 왠지 수상해서 계속 지켜본다.

45 스카이코리아 종합통제센터 (OCC) Ⓓ

전 세계 항공편들의 진로들이 보이는 상황센터.
태평양 한가운데 KI501이 보인다.

인호 이거… 회항 안 됩니까? 회항?

사람들 무슨 말인가 쳐다본다.

인호 아아… 아니다. 그냥 잡는 게 나을 거 같다.
아무래도 조금이라도 빨리 잡는 게.
잡죠. 뭐 일단. 보안요원 같은 거 해서.
듀티 매니저 저기. 비행기에 무슨 보안요원이… 은행도 아니고…

윤철　아니. 무슨 비행기에 보안요원도 없어.

다들 놀래 본다.

듀티 매니저　아니… 형사님들… 왜들 이러시는지…
인호　(사무실 아무 전화나 들며) 전화… 이거 안 돼요? 전화? 비행기하고 네?

황당한 듯 보는 항공사 직원들.

46　기내 비즈니스　Ⓓ

골프 회원들, 깔깔거리며 잡담하는데, 혼자 왠지 땀이 나는 필호.
온몸이 간지러운지 긁는다.
그때 팔에 작은 수포가 터지며 피가 난다.

필호　뭐야… 이거.
윤석　그니까 아까부터 더럽게 왜 자꾸 긁어…!
필호　아 왜 이렇게 가렵지… 몸도 좀 으슬으슬하구…

딴 얘기하는 회원들. 이미 필호는 관심 밖이다.
그 옆으로 한두 번 기침을 하는 장 기장. 몸이 으슬거리는지 담요를 덮는다. 장 기장의 팔에도 작지만 수포가 나 있다.

47　스카이코리아 종합통제센터 (OCC)　Ⓓ

듀티 매니저　테러가 증거가 있는 것도 아니고.
윤철　아니 테러 예고한 놈 집에서 시체까지 나왔는데… 무슨 증거가 필요해요.

통제실 직원　괜히… 소동 피우다가 기내에서 승객들 다치기라도 하면.

윤철　지금. 다치는 정도가 아니라니까요. 그 비디오를 봤어야 되는데. 쥐들. 막…

인호　야야야 조용하고. 저기. 이 테러범이… 보통 놈이 아니에요. 바이러스 알죠. 생물 테러. 지금 그런 건데… 조금이라도 늦으면… 걷잡을 수 없습니다.
정 그러시면… 저한테 다 책임 미루시고. 더 늦기 전에… 네?!

절실한 인호를 보며 고민하는 듀티 매니저.

48　기내 비즈니스 화장실　Ⓓ

화장실로 들어오는 필호. 온몸에서 땀이 나고 숨이 차다.

필호　미치겠네. 진짜… 왜 이러지…

하는데 코피가 주르륵 난다.

필호　뭐야. 이거…

하는데, 눈알에서 피가 퍽- 하고 터진다. 으악- 하는 필호.

49　기내 비즈니스에서 이코노미로　Ⓓ

뛰쳐나오는 필호.

필호　저기요… 여기 의사 없어요?

다들 모니터를 보거나 자다가 무슨 일인가 하고 본다.

"너 왜 그래?" 하는 친구들. 장 기장도 놀라서 본다.
아무 대답이 없자.

필호 의사…

의사를 찾아 이코노미로 가는 필호. 이코노미 쪽으로 가서는.

필호 여기 의사 없냐고… 의사…

하는데 아무도 대답이 없고, 필호, 휘청하자 사람들 부축하려는데. "크악-" 하며 콱 피를 토하더니 쓰러진다.
온몸에 힘을 들어간 채 경직된 모습을 하고 죽는다.
입에 가득한 거품. 끔찍한 몰골. 진석의 집 시체와 같은 모습이다.

뒤늦게 일어나 핸드폰 카메라로 촬영하는 종수. 다들 놀라는데,

그때 노년의 할머니. 한 박사다. "잠깐만요… 의사예요…" 하자 사람들 비켜주고.
한 박사, 쓰러진 필호의 맥박과 숨을 살펴본다.
뒤이어 오는 승무원들. 한 박사, 승무원들을 보며 사망했다는 뜻으로 고개를 젓는다. 놀라는 사람들. 승무원들.
진석은 화장실을 기다리며 그런 모습을 보고 재혁은 그런 진석을 본다. 아주 살며시 웃는 진석. 섬뜩한 그 표정을 놓치지 않는 재혁. 그때 간헐적으로 쿵- 흔들리는 터뷸런스.

원 기장 날씨가 안 좋아. 좀 틀어야겠어. 구름도 많고.

그때 ACARS를 통해 메시지가 뜬다.

메시지 탑승객 중 류진석(주민등록번호) 살인사건 용의자로 추정. 테러 잠재 가능성. 신체 구속 또는 격리 감금 요망.

원 기장 무슨 소리야 테러라니… 위성 전화 되나?

현수 지금 안테나가 잘 안 떠서… 텍스트 보낸 거 같은데요…

인상을 찌푸리는 원 기장. 현수는 승객 리스트를 확인한다.

현수 있네요. 류진석… 제가 가볼게요…

원 기장 조심해요.

현수 네…

현수, 나가려는데 들어오는 태은. 위급한 표정이다.

태은 저기… 승객 한 분이… 사망하셨어요…

놀라는 현수, 서둘러 나가면. 원 기장 걱정스러운 마음에 인상을 찌푸리는데, 기침을 한다.
입을 손으로 막는다. 손등에 좁쌀만 한 수포들이 올라와 있다.
아직은 의식하지 못한다.

혜윤이 화장실을 나오자, 창문도 많이 열려 있어서 햇빛이 기내로 들어온다. 어수선한 밖의 상황에 놀라 당황하면, 화장실로 들어가려는 진석. 그때, 진석을 부르는 재혁.

재혁 야… 너 어디 가.

진석 뭐요?

재혁 너 어디 가냐고…!

재혁을 짜증 난다는 듯 무시하고, 화장실로 들어가려는 진석. 그런 진석에게 다가가는 재혁.

재혁 네가 한 거지?!

하며 진석의 멱살을 잡는 재혁.

진석 뭐야 이거.

재혁 너 무슨 짓 했어?! 겨드랑이에 뭐 숨겨왔어!

옷을 찢는 재혁. 겨드랑이에 꿰맨 자국. "으악-" 겨드랑이가 아픈지 소리치는 진석. "미쳤어 진짜!"

재혁 이 비행기, 다 죽일 거라매.

하며 둘이 엉겨 붙고 승객들과 승무원 뜯어말리는데, 나오던 현수, 보면- 장 기장도 일어나 그들을 뜯어말리고 있다.

현수 지금 뭐 하는 겁니까!

승객들과 승무원, 둘을 뜯어말리고..

둘, 겨우 멈추면. 현수를 보는 재혁. 문득 서로 시선이 교차된다.
잠시 서로의 얼굴을 보자 놀라는 둘. 서로 아는 사람 같다.
하지만 이내 곧 현수는 시선을 진석에게로 돌리고는,
진석에게 다가간다.

현수 류진석 씨 맞으시죠?

진석 What?

현수 (손에 쥔 페이퍼 보고) 생년월일 851201 맞으시죠?

진석 (미묘한 미소) You guys took the wrong person.
I'm an American citizen.

현수 죄송하지만 신분증 좀 볼 수 있을까요?

진석 (예민한) I said I'm an Ameri……

재혁 야 너 류진석 맞잖아. 한국말 잘하잖아, 새끼야!

하는데 "에이 씨발." 자리를 뛰어넘어 도망가 버리는 진석.
승무원들과 승객들 본능적으로 재빠르게 진석을 잡는다.
그때 진석이 주머니에서 천식기를 꺼낸다. "손, 손 막아." 하는 재혁. 사람들이 진석의 천식기를 부러트리지만, 진석은 천식기에 캡슐을 빼서는 가루를 공중에 확- 뿌린다.
파악- 하고 한꺼번에 날리는 하얀 가루.
햇빛에 비치며 반짝거린다.

52 스카이코리아 종합통제센터 (OCC) Ⓓ

종합센터 한쪽 구석에 앉아 초조하게 연락을 기다리고 있는 인호와 윤철. 찌지직- 프린트가 되자 자기들이 급히 문자를 확인한다. 인호, 번쩍 손을 들며

인호 저기요! 여기 뭐 왔어요. 이거 연락 온 거 아니에요?!
(윤철에게) 이거 영어지?

문자를 읽는 미주운항통제사.

미주운항통제사 류진석이라는 사람은 격리시켰는데..

소식을 기다리던 인호, 다행스러운 심정으로 일어나면.

미주운항통제사 승객 한 분이 사망했답니다. 40대 남성인데 각혈을 하며 죽었다는데… 온몸에 수포도 있고. 근데… 그 특이한 게… 그 류진석이란 사람이…, 마지막 잡히기 직전에… 무슨 하얀 가루를 뿌렸다고…

놀라는 듀티 매니저. 인호, 바이러스가 퍼졌음을 직감한다. 인호, 뒷목을 잡는다.

윤철 팀장님. 괜찮으세요? 혈압이 있으셔가지고… 여기 물 있어요? 물?

53 호텔 Ⓓ

멀리서 양복 차림의 사내가 엄청나게 빠르게 뛰어온다. 사람들 쳐다보고.

스마트 교통 인프라의 국제 합동성능시험을 위한 「국토부 장관 주체 하반기 차세대 지능형교통시스템(C-ITS*) 호환성 세미나」라는 플래카드가 보이고. 행사 준비를 하는 사람들. 그 단상 아래서 서류를 들고 연설문을 외우고 있는 김숙희다. 재킷을 벗어 편한 느낌.

숙희 기술 교류회를 통해 국내 업체는 국제 C-ITS 기술인증… 국제 C-IS? 나 왜 이렇게… 안 외워지지?

웃는 숙희. 웃는 그 옆에 오 보좌관.

오 보좌관　제가 말을 너무 어렵게 썼나 봐요.
숙희　아니아니. 그냥 용어니까…

하는데, 텅- 문을 열고 뛰어들어오는 장관 비서. 숨이 차다.
무슨 일이지 하고 보는 숙희.

비서　(침을 삼키며) 장관님…

54　기내 갤리　Ⓓ

현수, 희진, 시영과 갤리를 나서는데 걸어오던 재혁과 만난다.

재혁　오랜만이네…
현수　네…
재혁　괜찮아? 다치진 않았고?
현수　네…

왠지 재혁은 현수에게 말 붙이는 게 좀 어려워 보이고,
현수도 별로 달갑지는 않아 보인다.
현수, 먼저 가라는 눈짓을 하면, 희진, 시영은 그들을 지나간다.

재혁　저놈이 무슨… 테러 같은 걸 한 거야?
현수　테러를 예고한 건 맞고… 실제 살인 용의자이기도 해서 일단 감금했어요. 확인 중이구요.
재혁　그니까… 안 그래도 이상하더라구. 처음 봤을 때부터 내가 딱 알아채긴 했는데…
현수　아까 봤었어요. 공항에서… 긴가민가 했는데. 같은 비행기일 줄은 몰랐네요.

재혁 (친근한 척) 그랬나…? 난 못 봤는데. 인사라도…

현수 (말 끊으며) 잘못 봤길… 했는데… 평생 안 봤으면 했어서.

그리곤 쌀쌀하게 가는 현수. 왠지 씁쓸한 재혁.

현수를 기다리고 있던 희진, 시영. 현수가 오자 시영이 앞장서고, 현수와 희진이 따라간다.

희진 저 손님 아까 비행공포증이 심했는데 괜찮아지셨는지 모르겠네요.

현수 비행공포증이요?

희진 네. 두통약도 갖다 드렸거든요.

현수 저 사람하고 비행공포증하고는 전혀 안 어울리는데.

희진 왜요?

현수 옛날에… 파일럿이었거든요. 그것도 아주 터프한.

알 수 없다는 표정의 현수. 그때, 시영이 걸음을 멈춘다. 기내 화장실 앞.

시영 여기예요. 아까… 사망한 승객분이 화장실에서 하얀 가루 같은 게 머리에 떨어졌다고 했거든요.

현수 가루요…?

시영 네…

콜록- 하며 기침을 하는 시영. 얼굴이 좀 안 좋아 보인다.

55 기내 화장실 Ⓓ

화장실에 간 현수. 휴지통을 열어보면, 웬 피 묻은 종이테이프.
이게 뭐지 하며 들어보면 살며시 떨어지는 가루들.
현수는 본능적으로 몸을 뒤로 한다.

희진 뭔가를 겨드랑이에 숨겼다고 했어요…

현수 … 겨드랑이에 그 가루를 숨겨서… 먼저 여기에 뿌렸고
나머지를 뿌리다 잡힌 거네요…

뭔가를 느끼는 현수. 일어나서는

현수 일단… 우리 다 나가죠. 여기 화장실은 통제하구요…

화장실을 나오는 현수, 기내에 먼지들이 날아다니는 듯하다.

56 기내 재혁의 자리 Ⓓ

기침하는 사람들. 재혁은 그 사람들을 본다… 왠지 불안해서는

재혁 입 가리고 있을래? 감기 걸릴까 봐.

장난스럽게 쏙 하고 입을 가리는 수민. 웃는 재혁…
창밖을 보는 재혁. 터뷸런스가 오자 괜히 공포증이 오는 듯하다.
심호흡을 하는 재혁.

57 스카이코리아 종합통제센터 (OCC) Ⓓ

혼란스럽게 안으로 들어오는 각 분야의 사람들. 항공사 직원들 혼란스러운데, 관계자들 회의실로 들어간다. 사람이 많아 앉아 있던 인호와 윤철, 안으로 밀려들어 간다. 수군대는 사람들.

여1 (수군) 항공기 사고 난 거 같은데? 테런가?
여2 (수군) 아닌 거 같애… 질병관리본부 쪽에서도 오셨던데…
여1 (수군) 뭐지…

다들 뭔지는 모르지만 사람들이 모인다.

58 인천공항 귀빈 주차장 Ⓓ

비가 닿지 않는 곳에, 김명식 질병관리본부장 등 사람들
서 있으면 차가 와서 서고,
숙희가 우산을 펴며 내린다. 비바람이 거칠게 불고 날씨가
안 좋아졌다.
우산을 쓰고 있지만 비바람을 피하기엔 역부족이다.

숙희 상황이 좀 어때요?
명식 일단. 부기장이 상황을 전달해주고 있는데, 사망자 1명 이외엔.
지금은 일단 잠잠한 상태긴 하거든요.
숙희 아니 이게 대체 무슨 일이래… 회항시켜야 되는 건 아니에요?
명식 논의 중인데… 일단 승객들을 가능한 한 빨리 비행기에서
내리게 하는 게 좋을 거 같아서… 현재 가까운 공항을…
미국 측과 얘기하고 있습니다.
비행기에 생물 테러한 경우가 전 세계적으로… 없어서
숙희 이게 매뉴얼 상 기자회견 해야 되지 않아요?
태수 좀 더 명확해지면 하겠습니다. 먼저 상황을 좀 보시죠.

보면… 어느새 숙희 옆으로 와 같이 걷는 40대 사내 태수.
숙희, 보면

태수 청와대 위기관리센터 박태수 실장입니다.

숙희와 태수, 비를 맞으며 함께 걷는다.

59 스카이코리아 종합통제센터 회의실 Ⓓ

회의실로 급히 들어오는 서울지방항공청장. 사람들 웅성거리는 가운데, 최대한 담담하게 얘기하려 하지만, 초조하다.

서울지방항공청장 여기 계신 분들은 모두… 질병관리본부분들부터… 미생물 박사님들… 그리고 항공기 관련 엔지니어분들… 범죄 심리학 교수님들… 경찰분들, 전문가분들이십니다. 이렇게 모신 거는 다름이 아니라. 오늘 오전 11시 출발… 인천발… 호놀룰루행… 비행기에… 현재 생물 테러가 의심되는 상황입니다.

다들 웅성거린다.

서울지방항공청장 먼저 레드 단계로 격상시키기 전에 급히 모셔서 논의하고자 하는 거니… 현재까지 알려진 사항을 일단 읽어보셨으면 합니다.

국가정보원, 유인물 나눠준다.
"신속대응팀 리포트"라고 적혀 있다.
다들 놀라 어수선한 분위기. 회의실 밖에서 겨우 얘기를 듣고 있던 인호와 윤철, 대응팀이 유인물을 건네주자,

인호 아니… 지금 이게 유인물 나눠주고 그럴 때예요?

요원 네?

인호 레드로 빨리 격상을 해서 하와이로 가든지 해야지.
이러고 있을 시간 있어요?

요원 누구신데…

윤철 아니. 이거 다 발견한 사람이라니까? 자리도 없어가지고 진짜.

초조한 인호.

60 스카이코리아 종합통제센터 복도 Ⓓ

머리와 옷에서 비를 털며 복도를 걸어오는 작아 보이는 숙희와 오 보좌관, 비서, 명식. 큰 키의 박태수와 덩치 큰 대테러단과 대조되어 보인다.

태수 항공사 상황센터에 임시로 대책본부를 마련한 상태입니다.
불편하시더라도 양해 부탁드립니다.

비를 털며 엘리베이터를 기다리는 숙희와 태수. 일행들.

61 기내 조종실 Ⓓ

비행기 날고 있으면… 어두운 구름으로 들어가는 느낌.
터뷸런스로 조종실이 흔들린다. 인터폰을 받는 원 기장.
박 갤리에서 터뷸런스에 흔들리며 혼란스럽게 서 있는 현수다.

원 기장 왜 안 들어오고.

현수 아무래도 뭔가 좀 이상해서 이게…

원 기장 뭐가?

현수　이 테러 용의자가 화장실하고 기내에 뭔가를 뿌렸는데.
거기에 노출된 승객이 사망을 했고… 그때부터 승객들 중에
기침하는 환자들도 많아지고 저도 그 화장실을 들어갔다
나와서. 혹시… 해서 인터폰 하는 겁니다.

원 기장　몸은 괜찮은 거고?

현수　저는 괜찮은데… 이시영 승무원이 열이 좀 있는 거 같고…
장 기장님도 좀 컨디션이 안 좋습니다.
기장님은 일단 혼자 계시는 게 나을 거 같고…
일단 지상에 테러대책반이 꾸려졌으니까…
또 상황을 말씀드릴게요.

원 기장　오케이… 알려주고.

현수　네.

왠지 불안한 원 기장. 팔이 가려워 긁는데 팔에 수포가 가득하다.
뭐지 하며 긁는다. 설마 하는 생각.

62　스카이코리아 종합통제센터 회의실　Ⓓ

비행기의 죽은 필호의 사진을 보고 있는 사람들.

대응팀1(질본)　현재. 비행기에서 보내온 사진 자료입니다. 보시면 수포와…
출혈. 류진석 집에서 나온 시체와 증상이 같습니다.
현재… 류진석이 하얀 가루를 비행기에 이미 살포하였고 그로
인해 첫 번째 사상자가 생겼다고 한다면… 앞으로 감염자는
급속히 늘어날 겁니다.

진석의 집에서 발견한 쥐 동영상을 보여주며

대응팀4(미생물)　가루에 직접 닿지 않은 쥐들도 같은 증상으로 죽습니다.
호흡으로 감염된다는 거죠.

좁은 유리 상자에 갇혀 학살당하는 수십 마리의 모르모트를 보고 경악하는 사람들. 초조하고 마음은 급하다. 숙희도 보이고 명식도 보인다. 인호와 윤철도 자리에 앉아 논의하고 있다.

테이블에 기내 설계도면을 보며 설명하는 대응팀.

대응팀2(엔지니어) KI501은… 공기 정화시스템이 신형이 아니고… 20년이 다 되는 항공기고… 연료 절감을 위해 기내 공기를 재순환해 사용하고 있는데. 그것 때문에 바이러스가 계속 공기를 타고 도는 구조입니다… 감염되기 최적의 장소죠.

태수 치사율은요? 지금 예측할 수 있나요?

대응팀5(박사) 쥐 실험으로 추측했을 때 30-40프로 정도로 보이는데…

대응팀4(미생물) 그게… 치사율 30-40프로라는 것도 치료를 받았을 때 이야기고… 지금처럼… 비행기 안에서 치료를 받지 못하면… 90-100프로 까지도 갈 수 있습니다…

불안한 사람들. 인호, 숙희.

숙희 기존의 유사한 형태의 바이러스가 있을까요? 대응 전략을 짜려면…

대응팀4(미생물) 영상을 보면, 이건… 의도적인 생물 테러라… 자연발생적 바이러스와 비교하기가 좀 어렵습니다. 훨씬 치명적이기도 하구요. 아마 테러범의 집에서 나온 시체에서 바이러스를 배양해서 정체를 알아낸다고 해도. 그거 가지고 테스트하고, 임상 시험까지 아주 빠르게 잡아도 1년. 사실 그것도 아주 긍정적으로 본 거구요. 솔직히 수년이 걸릴 수도 있습니다.

다들 절망스러운 분위기.
인호 속이 타는지 물을 벌컥벌컥 마신다.

기침하고 그런 사람들이 많아졌다.
혜윤과 친구들 왠지 좀 걱정이 되는데 겁먹는 미량을 달래는 혜윤.

미량 언니. 괜찮겠지?
혜윤 응 괜찮을 거야. 좀 자두자.

고등학생들은 왠지 좀 겁이 나지만 아직까지는 장난스럽다.

고등학생1 (반쯤은 장난으로) 나 무서워.
고등학생2 (놀리듯) 겁쟁이… 쫄았냐? 으이그…

갤리 안, 음료를 준비하는 승무원들도 왠지 불안하다.

인선 뭐가 어떻게 된 거야?
부기장님은 조종실로 들어가지도 않고…
경숙 그러게… 테러였다는 얘기가 있었어…이거…
희진 얘기하지 말고… 표정관리 좀 하구.
승객분들 불안해하시니까.
경숙, 인선 네…

하는데, 후두둑- 하고 시영이 쓰러진다.
놀라는 승무원들. 시영을 부축하면.

희진 좀 괜찮아…?
시영 쉬면 나아질 거예요. 죄송해요.

하는데 표정이 매우 안 좋은 시영. 몸에 수포가 가득하다.
놀라는 희진.

[비즈니스 좌석]

한 박사. 뒷좌석에 자꾸 기침하는 사람들이 걱정된다.

남편 아무래도. 좀. 신경이 쓰이나 봐요?

한 박사 (걱정되는 웃음)

남편 간만에 휴가인데. 좀 쉬어요.

한 박사 그래요.

골프1 아까부터 나 왜 이렇게 가렵지? 피 튀긴 데가… 가려워 자꾸. 이거 뭐 옮기는 거 아니야?

윤석 에이 무슨…

말은 그렇게 하지만 겁이 나는지 옆으로 슬쩍 비켜 앉는 윤석. 장 기장은 땀이 흥건하다.

재혁 옆에서 카톡 하는 종수.

종수 아까 동영상 인스타 올렸는데… 기자들 막 연락 오고 난리 났네요. 아 진짜… 근데 자꾸 인터넷이 너무 느려서.

보면, 승객들 모두 불안한지 신용카드를 입력하고 가족들과 얘기하려 한다.
그런 승객들을 보는 재혁.

64 스카이코리아 종합통제센터 회의실 Ⓓ

숙희 류진석이… 제약회사에서 일했었다구요.

대응팀6(경찰) 네… 4년 전에 그만뒀는데.
다국적 기업인 브리콤이라는 제약회사에 미생물 팀장으로 일했었습니다.

관련 자료를 보는 사람들. 인호.

위기팀장 혹시 중요한 정보라도 얻을 수 있을까 해서 브리콤에 연락을 취해봤지만… 아무래도 외국에 모회사를 둔 다국적 기업이라 그런지. 좀 까다롭게 나옵니다. 이미 그만둔 지도 오래됐고… 자기들과 연관성도 없는데 괜히 엮이는 게 싫은 거 같아요. 아무것도 말해줄 게 없다고 전혀 협조를 안 합니다.

숙희 상황은 급해 죽겠는데, 협조 안 한다고 물러나요? 공권력이라도 동원해야죠.

위기팀장 네. 하지만 이번 사건과 직접적인 관련이 있다는 증거도 없고. 협조가 아닌 이상. 강제로 소환이나 수사하다가 나중에 문제라도 생기면…

숙희 (자료를 보며) 우리는 공무원이잖아요. 책임지는 사람들이구요.

태수 다른 채널로 대응해보겠습니다.

대응팀3(범죄심리) 그러고 보니 류진석 모친도 미생물학자였습니다. 세계적으로도 유명했는데 해외 유명한 학술지에 논문이 여러 번 실렸을 정도로요. 한국에서 교수를 하다가 94년도에 미국으로 넘어갔고 다시 2002년에 한국에 돌아오는데, 그게 류진석의 학교 입학 연도와 박사 학위 마친 연도로 딱 떨어지는 것으로 보아 아마 류진석 교육 때문으로 보입니다.

태수 연락이 되나요?

대응팀3(범죄심리) 올 2월에 지병으로 사망했습니다.

실망한 사람들. 한숨 쉬는 숙희.

대응팀6(경찰) 류진석 집도 수색해 봤지만… 바이러스에 대해 예측할만한 건 나오지 않았습니다.

대응팀3(범죄심리) 전과도 없고. 가벼운 범칙금도 없고…

다들 어떻게 해야 할지 웅성이는데,

인호　류진석과 협상하시죠.

다들 보면… 사람들 틈 사이로 살짝 보이는 인호. 뒷자리에 앉아 있던 인호다. 옆에 윤철.

인호　지금 보니까 바이러스가 뭔지도 모르고 잠복기도 짧고… 뭐 그냥 사람 죽이는 게 목적이었으면… 지상에 뿌렸을 텐데. 비행기 탄 거 보니까. 분명히 무슨 목적이 있을 겁니다. 인터넷에 예고한 거 보면… 사람들 많이 알았으면 하는 거고… 뭐 좀 들어줄 건 들어주고 하면서… 승객들 다들 너무 위험해질 수 있으니까요.

숙희, 인호 말에 동의하는 듯 태수를 보면,

태수　협상팀. 왔지?

위기팀장　네.

65　기내 벙커 / 스카이코리아 종합통제센터 교차　Ⓓ

어두운 벙커. 객실보다 방음이 안 되는지 비행기 소리가 크게 들린다. 희진은 전화를 들고 얘기한다.

희진　들리십니까?

스카이코리아 종합통제센터 대책본부

태수　네.

희진, 부기장에게 고개를 끄덕이고, 전화를 돌려 누군가에게 갖다 대면, 그제서야 보이는 진석.

승무원들이 쉴 수 있는 벙커 침대에 포승줄로 묶여 있는 진석.

진석을 마주 보고 앉아 있는 현수에게 전화를 갖다 대는 희진. 그들의 대화를 지상에 중계하고 있는 것이다.

현수 류진석 씨.

진석 왜요.

현수 왜 이런 일을 벌였는지 얘기해 줄 수 있나요?

진석 뭐가요?

현수 뭔가 원하는 게 있는 겁니까? 이유가 있을 거 같아서요.

진석 왜, 말하면 들어줄 거예요?

현수 지금 이 전화로 정부 관계자분들이 류진석 씨의 얘기를 듣고 있어요.

희진, 전화를 받는다.

태수 원하는 걸 들어준다고 해요.

희진 원하는 게 있다면… 들어준답니다.

흥미로운 표정의 진석. 잠시 생각하더니.

진석 그럼 잘 들어요. 내가 분명히 얘기할게요. 내가 원하는 건. 여기 비행기에 탄 사람들이 전부… 다… 죽는 거예요.

미간을 찌푸리는 현수.

진석 다시 한번 얘기할까요? 난… 여기 있는 모든 사람들이 한 명도 빠짐없이. 전부 다 죽었으면 좋겠어. 한 명도 빠짐없이.

대책본부 모두 얼굴을 찡그리고, 들리는 현수의 소리. 약간 흥분했지만, 최대한 침착하려 한다.

현수 왜요…?

진석 재밌을 거 같아서?

현수 사람 죽는 게 재밌어요?

진석 아니. 아니요. 나는 그냥… 사람들이 이 안에 갇혀서 하나씩 죽어가는 게 재밌을 거 같아. 쥐새끼들 같잖아. 비행기 안이라 어디 도망갈 데도 없는데. 살아보려고. 발버둥치는…

현수 이런 미친…

태수 흥분하지 말라 그래요.

희진 부기장님.

현수를 불러보는데, 실실 웃는 진석.

진석 왜요… 이건 그냥 비유예요. 비유.

되려 아무렇지 않은 진석을 보자 더욱 화가 나는 현수. 소리친다.

현수 …지금 무슨 헛소리를 하는 거야!
이 비행기에 몇 명이 탄 줄 알아?

그러자 실실 웃던 진석, 느닷없이 화가 폭발한다.

진석 나도 이러고 싶었는 줄 알아? 나라고 이러고 싶었을 거 같애?! You sadistic snobs You have vandalized my heart, raped my soul, and torched my conscience. You thought it was one pathetic boy's life you were extinguishing. Thanks to you, I died like Jesus Christ to inspire generations of the weak and defenseless people.

완전 미친 것처럼 알아들을 수 없는 말을 쏟아내는 진석의 폭언.
그러더니 작정한 듯 외치는 진석.

진석　니들도 알아야 해. 얼마나 고통스러운지. 쓰레기 같은 새끼들.

그때 "야." 하면서 진석의 멱살을 잡는 현수.

현수　원하는 게 뭐야! 장난치지 말고 말해. 치료제 어딨어??
백신 어딨냐고. 너는 살 거 아니야?!

더욱 목을 흔드는데 퍽- 하고 입에서 피를 뿜는 진석.
현수의 얼굴과 옷에 튄다.
멍한 현수. 보면, 진석의 얼굴이 피투성이다.

진석　내가 살고 싶었으면 이걸 탔겠어요?!
나 죽으려고 탄 거야. 이거. 다 같이 죽으려구.

피 묻은 채로 웃는 진석의 얼굴이 매우 경악스러운데 그때
갑자기 진석의 얼굴이 360도로 돌기 시작한다.
비행기에서 나는, 쿠와앙- 크게 들리는 기계음. 보면, 현수와
희진의 몸도 확 돌아간다.

비행기의 동체 자체가 돌며 승객들 몸도 확 돌고,
보면, 비행기가 하늘 위에서 엄청난 굉음을 내며 360도 돌고
있다.

[조종실]
보면, 원 기장이 조종간을 손으로 틀어버린 채 죽어 있다.
안전띠에 매인 채로 하늘로 머리가 닿는다. '풀업, 풀업' 경고음이
반복해서 나고, 비행기 다시 돌며 기장의 머리가 레버에 닿아
밀어버리자 돌던 비행기는 그대로 밑으로 내리꽂히듯 돌진한다.

좌르르 - 밀리기 시작하는 기내 카트.
벙커 안, 현수와 희진이 진석 쪽으로 쿵- 하고 밀린다.

빠르게 고꾸라지는 기체, 보면- 장 기장이 겨우 몸을 끌고 조종실 쪽으로 가고 있다. 겨우 비밀번호를 누르는 장 기장.
삐삐삐삐 소리 나며 열리고 안으로 쿵- 하고 들어가는 장 기장.

피투성이가 된 조종간. 기장의 머리는 레버를 누르고 있는 형국이다. 억지로 당겨보지만 당겨지지 않는 레버.
장 기장, 아무리 당겨도 안 된다. '풀업, 풀업' 경고음이 계속 나고, 비행기는 미친 듯이 고꾸라지는데 당황해선지 당겨지지 않는다. 그때 누군가 뒤에서 소리를 지른다.
돌아보면- 재혁이 뭐라고 소리치고 있다.

재혁　토가 작동하라구… 풀 스러스트… !

하는데 잘 들리지 않는지 멍하니 재혁을 바라보는 장 기장.
재혁은 어쩔 수 없이 자신이 나서, 텅- 시트를 빼고 기장의 몸을 확- 당겨서는 조종간을 온 힘을 다해 당기며 토가를 작동시킨다.
그러자 곤두박질치던 비행기가 엄청난 파워로 기수를 들고, 겨우 수평을 잡는다. 그때 고통스러운 듯, 앞으로 확 고꾸라지는 재혁, 옆에서 조수석 조종간을 잡고 겨우 수평을 맞추는 장 기장. 보면- 재혁은 그대로 자리에 주저앉아 가슴을 쥐고 고통스러워하고 있다. 숨이 차 헉헉거리는 재혁.

기내… 승객들 모두 대체 어떤 일이 있었는지 다들 기진맥진하고,

뒤늦게 조종실로 달려온 현수와 희진, 기진맥진 쓰러져 있는 재혁을 본다. 놀라는 현수.

[벙커]
사람들 웅성거리고… 태은과 승무원들 와서 본다. 놀라는 태은.

태은　류진석이… 죽었어.

보면, 출혈이 심해 쇼크사한 상태다.

66 스카이코리아 종합통제센터 Ⓓ

ACARS에 KI501에서 보낸 메시지를 들고 뛰어온 팀장.

항공팀장 원 기장이… 사망했습니다. 그리고… 그 테러범 류진석도… 사망했습니다.

숙희와 다들 경악. 혼란스럽다.

윤철 무슨 소리야. 지금…!

인호 …이런 미친…

67 기내 조종실 Ⓓ

비행을 하고 있는 현수.
그런 현수에게 객실에서 인터폰 하는 희진.

희진 어디 다친 건 아니라고 하세요. 지금은 괜찮다고 합니다.

혼자 생각에 빠진 현수.

68 기내 화장실 Ⓓ

손이 덜덜 떨리는 재혁. 주머니에서 약을 꺼내 먹고는 세수를 한다. 자신을 자책하는 재혁.

재혁 씨발. 진짜…

69 스카이코리아 종합통제센터 Ⓓ

태수, 숙희, 인호 모두 긴장되고 초조한 가운데.
현수의 목소리 들린다.

현수 아무래도… 화장실을 치웠던 승무원이. 기장님과 저에게 식사를 준비해줬었는데… 그때 감염된 거 같습니다.
그 승무원도 현재 발열이 심한 상태구요.
류진석은… 이미 감염이 되었던 거 같네요. 지금 생각해보니 수포도 있었던 거 같구.

태수 다른 기장님은요? 기장님이 한 분 더 있죠?

현수 장영석 기장님도… 상태가 좋지 않습니다. 첫 번째 사망한 승객의 바로 옆자리여서…

숙희 부기장님은요? 부기장님 상태는 어때요?

70 기내 조종실 Ⓓ

현수 …괜찮습니다.

숙희 지금 가장 중요한 건. 부기장님의 안전이에요…
착륙할 때까지… 조종실에 아무도 들이면 안 됩니다.

현수 네…

항공청장 이거 이제 어쩌죠. 테러범이 죽어버렸으니.
사건을 어디서부터 풀어야…

숙희, 인호, 태수, 다들 어찌할 바를 모르는데, 그때… "장관님… 팀장님." 부르는 소리. 보면, 벨소리가 들리며 전화가 오기 시작한다. 다들 빗발치는 전화. 인호, 핸드폰을 들어 보면 문자로 속보 뜬다.

문자 호놀룰루행 스카이코리아 KI501 사상자 발생.
테러로 추정. 1보.

오 보좌관 뉴스 터졌습니다…

TV에 속보가 나오고 있다. 모두들 우르르 회의실의 조그만 TV를 본다. TV의 앵커, 아주 차분히 얘기하기 시작한다.
TV를 보는 인호.

앵커 긴급 속봅니다. 인천발 호놀룰루행 스카이코리아 501편이 비행 중, 사망자가 나왔습니다. 하지만 더 경악스러운 건 그 이유가… 테러로 인한 것으로 보인다는 겁니다.
지금 보시는 동영상은 여객기 내 한 승객이 휴대폰으로 촬영한 동영상을 여객기 인터넷서비스를 이용하여 전송한 화면입니다.

비행기 내에 종수가 핸드폰 카메라로 찍은 동영상이다.
처참하게 죽은 필호의 시체. (모자이크)
진석이 잡히는 영상. 승무원들의 모습, 항의하는 승객들의 모습 등이 담겨 있다. 그걸 보고 혜윤이 생각나는지 끔찍한 표정의 인호.

앵커 지금 승무원들과 승객들에게 잡힌 류 모 씨는…
이 비행기를 타기 하루 전 테러를 예고한 것으로
알려졌습니다…

테러 예고 동영상 나오고…

앵커 현재 이외엔 어떤 정보도 알 수 있는 게 없으나… 비행기에서
인터넷으로 제보해 온 승객에 따르면… 현재 비행기가
엄청나게 요동을 치는 등… 예측할 수 없는 상황에 승객들은
엄청난 공포에 떨고 있다고 합니다.

비행기가 엉망진창인 화면.
숙희와 주요 관계자들은 회의실로 들어간다.

앵커 하지만 항공사나 정부는 아직 확인해 줄 수 있는 게 없다며
즉답을 피하고 있는 것으로 알려졌습니다.
저희 YTN은 가능한 탑승자 명단을 입수하여 공개하도록
하겠습니다. 다시 한번 말씀드립니다. 현재 인천발 호놀룰루행
스카이코리아 501편에 사망자 한 명이 발생하였고.
그 이유가 테러로 추정되고 있습니다.

회의실 밖에서 그걸 보고 있는… 인호. 처음으로 본 비행기 실황.
공포스럽다. 혼란스러운 관계자들.

숙희 기자회견… 브리핑 자료 준비해주세요.
태수 어디까지… 합니까?
숙희 전부 다요…
태수 해결책도 없는데… 혼란이 있을 수도 있고…
숙희 혼란은 어차피 와요.

다들 어쩔 수 없다.

오 보좌관　기자회견문 준비하겠습니다.

숙희, 초조히 회의실 의자에 앉는다. 그런 숙희를 보는 인호.

72　인천공항 귀빈 주차장　Ⓓ

숙희가 나오자, 기자들이 엄청난 플래시를 터트린다.
파바박- 플래시에 눈이 부시지만, 정부 인사로서, 안심을 주려는 듯 차분한 숙희.

숙희　언론에 보도된 대로 류 모 씨는 테러를 예고한 동영상을 인터넷 사이트에 올린 후, 불과 24시간이 지나지 않은 상태에서… KI501 인천발 호놀룰루 편에 탑승하였습니다.

73　인천공항 귀빈 주차장 / 기내 교차　Ⓓ

기자회견을 이어가는 숙희.

숙희　현재 정부에서 파악한 테러범 류 모 씨는… 모 제약회사의 미생물 분야 선임 연구원이었으며, 비행기 테러를 목적으로 본인의 집에서 꽤 오랫동안 여러 차례 생물 실험을 한 후… 심지어는 신원미상의 50대 남성에게 바이러스를 투여, 살해한 후… 비행기에 탑승, 생물 테러를 감행한 것으로 보입니다.

생물 테러라는 말에 놀라는 기자들, 시민들.

[기내]
그런 숙희의 기자회견을 인터넷 기사, 영상을 통해서 보는 승객들. 다들 놀란다.

화면 위로 계속해서 이어지는 숙희의 브리핑.

숙희 이 바이러스는 사람과 사람 간에 전염이 매우 쉽고 감염경로에 따라 잠복기가 한 시간에서 세 시간에 불과하며… 기존 자연발생적 감염 사태와는 달리… 극도로 치명적인 것으로 파악하고 있습니다… 현재 상태는… 이미 테러범 본인도 감염이 되어 사망하였고, 불행히도 현재 KI501의 원동연… 기장마저 감염되어 사망한 상태입니다.

사태를 다시 들어도 믿어지지 않는 인호, 고개를 떨군다.
인상을 찌푸리고 보던 태수는 어딘가로부터 오는 전화를 받는다.
놀라 탄성을 지르는 기자들. 외부의 사람들.

[기내]
비행기 안 승객들. 역시 놀라 소리 지르고,
지나던 승무원들마저 놀라 걸음을 멈춘다.
어리둥절해하는 수민, 재혁도 그 얘기를 듣더니 공포스럽다.
하지만 수민을 위로할 수밖에 없는 재혁.
괜찮다며 수민을 안아준다.
갤리에서 핸드폰으로 기자회견을 보던, 승무원들.
희진, 인선, 경숙, 애써 침착하려 한다.

74 서울 도심 Ⓓ

숙희 한 번도 일어난 적 없는 초유의 사태라. 정부도 당황하고… 비행기 위에서 일어난 일이라 할 수 있는 일도 한계가 있어 곤혹스럽지만, 부기장이 현재 안전하게 운행하고 있고 정부는 미국과 긴밀히 협조하여 비행기가 조금이라도 빨리 착륙하여 조치를 받을 수 있도록 각별한 노력을 기울이고 있으니… 부디… 승객 여러분과… 가족분들, 국민 여러분은… 정부를

믿고 사태를 지켜봐 주시기 바랍니다.

75 기내 Ⓓ

승객1 아까. 그게 바이러스였던 거야.
승객2 이게 사람들한테 전염되는 거라잖아…

소리치는 사람들. 다들 바이러스니 전염이니 소리치는 모습에 겁이 난 고등학생들 울기 시작한다.
어딘가로 전화하는 사람들. 혜윤도 전화한다.

혜윤 전화가 왜 이렇게 안 돼…
미량 사람들이 많아서 그래. 다들 너무 해서.

보면, 다들 신용카드로 결제하고 전화를 하는 사람들이다.

윤석 아니. 이거 우리 내려야 되는 거 아니야? 어?!

벌떡 일어나 승무원들에게 항의하는 윤석과 사람들.
난처한 승무원들.

한 박사 부부. 한 박사는 자꾸 뒷좌석에서 기침하는 환자들이 신경 쓰인다.
좀 참으라는 듯 한 박사의 손을 꼭 잡는 남편.

이때, 갤리로 들어오는 희진과 태은.

인영 시영이가 위독해요.

점프싯에 앉은 시영에게 다가가는 희진과 승무원들.

시영, 숨이 넘어갈 듯 고통스럽다.

희진 시영아…

뭔가 말을 하려는 듯 입을 움직이지만 입에 거품을 물며 급격히
온몸이 경직되며 죽는 시영.
그런 시영을 보자 놀라는 승무원들. 그중, 겁이 나는 인영.

인영 못하겠어요. 나 진짜… 무서워서 못 하겠어요…

두려움에 눈물이 터진 인영. 승무원들 모두 패닉이다.
스튜어드의 멱살을 잡고 싸우는 승객들. 패닉 속, 수민을 꼭
안고 있는 재혁. 옆 좌석의 누군가가 기침을 하자 수민을 데리고
자리를 피한다.

76 서울 도심 Ⓓ

뉴스를 보며 진석의 얼굴을 보고 있는 사람들.

앵커 한편, 정부는 곧바로 공개수사로 전환하고 사망한 테러범의
신상을 공개했습니다.

진석의 사진과 테러 예고 동영상이 나온다.

앵커 성명은 류진석. 한 다국적 제약회사에서 미생물학 선임
연구원으로 근무했었습니다.

또한 화면에 인천공항이 나온다. 인천공항 대기실로 사람들
모여든다. 혼란스런 느낌…

앵커 현재 정부는 청와대에 위기관리센터와 현장에 항공테러사건대책본부를 설치했습니다. 현재 인천공항에는 승객들의 가족들이 속속 도착하고 있습니다.

77 스카이코리아 종합통제센터 복도 Ⓓ

복도에서 전화를 하고 있는 인호. TV 뉴스 화면 반사되어 보이고, 멀리 바쁘게 통화하고 있는 윤철.

인호 야야… 집 주변 CCTV 다 확인하고. 집에 방문한 사람 있었는지 관리소나…

78 진석의 집 앞 Ⓓ

형사1 여기 지금 통제가 안 돼요. 어떻게 집이 공개가 됐는지. 바이러스 없다고 여기 깨끗하다고 해도… 다들 난리가 났어요.

아파트에서 나가는 사람들. 짐을 들고 다들 빠져나간다. 피난 가는 모습 위로 방역차가 지난다.

79 스카이코리아 종합통제센터 복도 Ⓓ

전화를 끊는 인호. 그러자 바로 전화가 온다. 전화를 보던 인호, 착잡한 얼굴로 전화를 받는다.

민정 아빠… 지금… 엄마가 거기 탄 거야?

인호 …

민정 엄마 전화 왔었어…

인호 비행기에서 전화가 돼?

민정 응… 되는 비행기래… 사람들 많이 한다고 몇 마디 하다가 끊겼어…

인호 …너 어딘데…

민정 인천공항에… 가족들 대기할 데가 있다고 해서 가고 있어…

인호 걱정 마. 괜찮을 거야. 엄마 그 흔한 감기도 안 걸리잖아. 어.

민정 그게 감기랑 같애?!

인호 말이 그렇단 말이지.

지하철 안, 전화를 끊는 민정. 눈물을 흘린다.

윤철, 종이 커피를 인호에게 권하면 인호는 손을 휘젓는다.
침울한 인호.

윤철 비행기로 가볼 수도 없고… 아무것도 못 하니 정말 미치겠네요…

인호 …그 새끼. 직장 있지. 옛날 직장.

윤철 (수첩 보며) 브리콤요.

인호 협조 안 해주는 거 보면. 뭔가 구린 게 있는 거야… 걸리는 게 없으면. 피할 이유가 뭐냐고.

나가는 인호. 따라나가는 윤철…

80 기내 Ⓓ

그때, 한쪽 편에서 승객들의 비명 소리가 나고,
빠르게 가보는 희진과 승무원들.
비즈니스석의 필호의 피가 닿았던 골프1,
온몸이 경직되며 죽는다.
놀라는 승객들, 피를 토하고 죽는 그 끔찍한 모습을 보고 비명을 지르고 피한다.

윤석 야야 이거 진짜. 어떻게 좀 해봐!

두려워서 막 우는 사람들도 있다.
마스크를 쓰고 손으로 입을 막고 겁먹은 승객들,
승무원들도 어쩔 줄 모른다.

81 기내 Ⓓ

기내 방송이 나오고 있는 와중에 승무원들이 감염자와
비감염자를 나누고 있다.

경숙(방송) 승객 여러분께… 다시 한번 알립니다. 백색 가루나 비슷한 걸 발견하시면 절대 만지지 말고 바로 우리 승무원에게 알려주시기 바랍니다. 레이디스 앤 젠틀맨…

남승무원 팔이나 몸에… 수포가 나신 분들은 꼬리 쪽으로 가주시고… 아직 괜찮으신 분들은 머리 쪽으로 가주시기 바랍니다.

다들… 공포에 떨며 움직인다. 망설이는 사람들…

남승무원 이쪽으로 옮기셔야 치료가 원활합니다… 의사 선생님은 꼬리 쪽에 계세요… 몸이 이상하거나 열이 나거나… 수포가 나는 분들은. 이쪽으로 옮겨주시기 바랍니다.

눈물이 나는 사람들… 감염된 사람이 엄청 많다… 수포가 있는
사람들은 억지로 그쪽으로 간다…

비즈니스 쪽으로 오는 사람들. 재혁도 수민이와 그쪽으로
옮겨간다.

그때… 수민의 수포를 보는 윤석.

윤석　저저저… 죄송한데. 이거 수포 아니에요?

재혁　(억울한) 무슨 소리예요. 이거… 그냥 아토피예요.

윤석　수포 맞는 거 같은데…

재혁　아니라니까.

하지만 승객들, 겁을 먹고 재혁과 수민에게서
다들 멀리 떨어지려 한다.
모른 척하고 재혁, 비즈니스 쪽으로 수민이를 데리고 가면,
사람들 다 둘을 피한다.

윤석　아니. 거참 불안해서. 진단서 같은 거 없어요?

재혁　무슨 아토피를 진단서를 가지고 다닙니까?

수민　아빠… 저쪽으로 가자.

재혁　수민아!

하는데 사람들이 자기를 무서워 피하는 게 너무 싫은 수민이다.

수민　아빠… 그냥 가자. 가면 안 돼?

재혁　아니. 니가 왜 가?

하는데 간절한 수민의 표정. 하지만 재혁은 안 돼! 하며 수민을
안고 더 안쪽으로 가려 하는데,

윤석　아저씨!

재혁　이거 안 놔요?!

재혁의 어깨를 잡는 윤석, 분위기 험악해지는데,

윤석　아니 우리만 살자고 이러는 거예요?!

하는데, 울음이 터지는 수민. 재혁, 수민이 울자, 할 말이 없다.
객실 안쪽을 돌아보는 재혁. 곱지 않은 시선들. 재혁, 억울하지만 별 수 없다.

이코노미 쪽으로 넘어온 재혁. 보면, 환자들이 많다.
수민을 데리고 보호하듯 한쪽 구석으로 가서는, 겁이 나는지 손수건을 꺼내 물을 묻혀서 수민의 입과 코를 막는다.

재혁 이러고 있어.

하고는 자기는 손수건이 없으니 옷에다 대충 물을 묻혀서 입과 코를 막는다. 그 모습을 사람들이 쳐다보자, 괜히 혼자만 하는 게 민망한지,

재혁 다들… 이렇게 해요. 그러면 좀 나아요.

자신 없게 얘기했지만, 사람들 다 따라 하자, 조금씩 자신감을 얻은 재혁.

재혁 다들… 물 묻혀서 막으세요. 호흡을.

희진과 승무원들, 한 박사가 사람들을 돕고 있다.
그런 한 박사 옆으로 오는 남편.

남편 화장실 간다 그러더만 여기 와 있네.
한 박사 당신은 가서 앉아 계셔요.
남편 나도 거들어야지. 가서 혼자 뭐해.

하며, 한 박사를 거드는 남편. 환자들이 가득 찬 모습.
정신없는 승무원들. 재혁, 마음이 안 좋다.

82 서울공항 Ⓓ

항공정책실장 및 연구원들, 김숙희 등이 비행기에 타러 가고 있다. 침울한 표정의 숙희.

뉴스 한편, 정부는 현재, 항공정책실장을 비롯하여 국토부 김숙희 장관, 보건복지부 장관, 질병관리본부장으로 구성된 신속대응팀을 꾸리고…

83 윤철의 차 Ⓓ

인호와 윤철. 꽉 막힌 도로에 갇혀 있는데 라디오가 나온다.

뉴스 미국으로 출국하여 현지에서 비행기가 착륙하는 즉시 대응하려고 하고 있습니다.

84 서울역 도심 Ⓓ

뉴스를 보고 있는 사람들. 운전하며 가고 있는 인호와 윤철의 모습 위로.

앵커 지금 이… 류진석의 제보들이 쏟아지고 있는데요. 어렸을 때 학교 동창들의 증언들을 보면. 교실에 있는지도 몰랐을 만큼 조용한 아이였다. 이런 얘기들이 나오고 있거든요.

패널1 아파트 주민들도… 뭐 조금 특이한 거라면… 쓰레기 문제로 주민들과 다툼이 좀 있었다고 하는데.

패널2 그것도 일종의 결벽증이죠. 쓰레기를 아무 데나 버린 주민의 집 앞에 쓰레기를 갖다 놓는. 복수 같은 거요.

앵커 네네. 이게 이렇다 보니까… 조심스럽게… 라스베이거스 총기 사건 같은 게 아닌가 하는 의견이 나오고 있습니다.

패널2　그렇죠… 엘리트였고. 부유한 환경에서. 거기가 또 비싼 아파트 아닙니까. 사회에 무슨 분노나 그런 걸 표현한 것도 아니고요. 이렇게 알 수 없는 이유로 불특정 다수에게… 가해를 하는, 이런 테러… 결국 본인도 자살을 했고요. 확대 자살이라고도 하는데요..

앵커　일본에도 이런 사건이 있지 않았습니까?

패널2　등굣길 어린이 등을 흉기로 무차별 공격… 19명을 살상하고 본인은 자살했던 가와사키 흉기 난동도 있었죠.

라스베이거스 총기 사건, 가와사키 흉기 난동 사건, 저먼윙스 사건 뉴스 클립 등이 지난다.

85　기내 Ⓔ

장 기장을 돌보던 태은, 승객들이 찾자 딴 곳으로 간다.
그 모습을 보던 재혁, 수민이 자고 있는 걸 확인하고는 갤리에서 약품 등을 챙기던 태은에게 간다.

재혁　기장님을… 벙커에라도 좀 모셔야 되는 거 아니에요? 여기 위험하게…

태은　거기가 더 위험한 거 같아서요. 테러범 시체랑… 사망한 승객분들도 계시고…

할 말 없는 재혁. 태은의 옆으로 와서 약 챙기는 걸 도우며

재혁　… PBE는 몇 개 정도 있어요?

태은　네?

재혁　객실 승무원용 산소마스크요. 승객용 고정식 말구요.

태은　아… 20여 개 있을 거예요.

재혁 그거라도 호흡곤란 겪는 발작 환자한테 줄 수 있도록 하시죠.

좋은 생각이라는 듯 고개를 끄덕이는 태은. 재혁은 의료용 키트를 열어 한쪽 구석에 누워 있는 장 기장에게 간다. 고통스러워하는 장 기장, 수포가 가득하다. 해열제를 주사하는 재혁.

재혁 착륙하면 의료진들이… 있을 거니까… 버티셔야 해요.

고맙다는 듯 고개를 끄덕이는 장 기장. 그런 재혁을 보는 희진.

86 뉴스 화면 Ⓓ

진석의 아파트에서 사람들이 다 빠져나갔다. 텅 빈 아파트.

패널1 더구나. 지금. 류진석의 아파트… 주민들이 전부 피신하고 있는데 이게 아무리. 정부가 류진석 집에서 바이러스가 발견되지 않았고 안전하다고 해도.

패널2 바로 옆집에서. 이렇게 위험한 실험을 하고 그랬다는 게 공포스럽겠죠.

패널1 예전에는 인간에게 고통을 주는 재난이 주로 자연재해나 그런 것들이었다면. 현대에는 이젠 이런 게 일종의 재난인 거죠. 재난의 속성이 그렇지 않습니까? 그냥 그 시간, 그곳에 있었다는 이유만으로 속수무책으로 당할 수밖에 없으니까…

이미 경찰들과 경비들이 대치되어 있는 상황. 기자들도 종종 보인다. 윤철, 끼이익- 차를 세운다. 차에서 내리는 인호. 인호에게 오는 후배 형사들.

형사2 영장은 아직입니다. 증거든 뭐가 나오질 않았으니까. 이게, 좀 어렵나 봐요.

인상을 찌푸리는 인호. 곧바로 형사들과 대치하고 있는 경비들에게 뛰어 들어가며

인호 아니 이럴 시간이 어딨습니까! 이거 수사 방해예요. 좋게 좋게 협조 좀 합시다!

경비 관련이 없다는데 무슨 협조를 합니까. 들어가시려면 영장 가져오세요, 영장. 정당한 절차 거쳐서 저희랑 상관있다는 증거 가지고 확인받고 오시라고요.

하는데 몸싸움하는 이들. 경비들, 카메라로 채증 한다.

윤철 야… 카메라 안 치워?!

하며 윤철, 인호의 얼굴을 가려준다. 그걸 찍고 있는 기자들.

윤철 야야. 뚫어.

하는데, 힘으로 밀어붙이는 형사들. 하지만 경비들 바리케이드까지 설치하고 정문을 닫아버려서 들어가기 힘들다. 힘에 부치는 형사들. 하지만 인호는 끝까지 들어가려 몸싸움한다.

88　서울공항 비행기 Ⓓ

신속대응팀의 비행기가 활주로로 천천히 들어서고 있다.
초조한 숙희, 시계를 본다.

89　기내 조종실 Ⓔ

해가 지고, 어둠으로 가는 KI501의 조종실.
그 위로 들리는 라디오 소리.

라디오　(영어) 여기는 샌프란시스코 컨트롤.

90　스카이코리아 종합통제센터 (OCC) Ⓓ

'미국에서 연락이 왔습니다.' 텍스트가 화면에 적히고,
프린트된다.
종이를 자세히 보는 미주운항통제사. 표정이 좋지 않다.

미주운항통제사　이게…

91　서울공항 비행기 Ⓓ

신속대응팀의 비행기가 활주로로 천천히 이동 중인데,
전화가 오자 전화를 받는 숙희.

숙희　네… 네??!

92 기내 조종실 Ⓔ

미국ACC (영어) 아무래도 기선을 돌리는 게 나을 듯하다.

현수 (영어) 무슨 소린가.

미국ACC (영어) 테러 소식이 알려져 착륙 허가가 떨어지지 않는다. 어떤 테러인지 정확히 상황 파악이 되기 전엔 착륙 허가가 힘들 것 같다.

현수 (영어) 우리는 긴급 상황이다… 승객도 150여 명이나 되고… 위험에 처해 있다.

미국ACC (영어) 내 권한을 넘었다. 미국 내 어디에도 착륙 허가가 떨어지지 않는다.

현수 아니… 이게 무슨…

93 NSC 위기관리센터 Ⓓ

NSC 안으로 들어오는 외교부 장관,

외교부 장관 상원의원이나 백악관 등… 모든 라인 다 동원했는데… 안 됩니다…

인상을 찌푸리는 안보실장.

94 서울공항 비행기 Ⓓ

비행기가 선다. 일어서서 통화하는 숙희.
가능한 침착하고 작게 얘기한다.

숙희 지금… 착륙을 눈앞에 두고 다시 돌아가라구요?

95 NSC 위기관리센터 ⓓ

한쪽 구석으로 가서 작게 얘기하는 안보실장.
그 뒤로 착잡한 표정의 외교부 장관.

안보실장 우리 매스컴을 봤나봐요… 생물 테러라고 하니. 아시잖습니까.
한번 퍼지기 시작하면… 자기들도…
자신 없다고…

숙희 일단 착륙해서… 방역하고 통제할 수 있잖아요.
군 시설에라도…
…아시겠지만… 비행기에서 시간을 더 보내면…
승객들 전부가 위험해질 겁니다.

안보실장 절대 불가 입장입니다. 자기들도 전혀 예측이 안 되는 위험을 감당할 수 없다고 합니다. 더 버티다가는 돌아올 연료도 모자랄 수 있습니다. 돌아오는 동안… 어떻게든 다른 나라에라도 착륙할 수 있게 조치를 취해보죠.

96 서울공항 비행기 ⓓ

전화를 들고 어쩔 줄 모르는 숙희.
옆에 비서, 명식이 눈치를 채고 침울하다.

97 스카이코리아 종합통제센터 ⓓ

전화가 온다. 전화를 받는 태수. 안보실장과 통화한다.

태수 (전화를 끊으며) 회항한다… 회항 지시.

침울한 대책본부, 무전을 열어 기내에 알린다.

98 기내 조종실 Ⓔ

항공팀장 KI501… 회항하시기 바랍니다.

현수 …

항공팀장 들립니까? 인천으로 회항하시기 바랍니다.

현수 …

항공팀장 부기장님?

현수 (혼잣말) 들린다고…

99 스카이코리아 종합통제센터 Ⓓ

컨트롤 화면에서 비행기가 반대로 돌기 시작하고
KI501에서 보낸 메시지가 뜬다.

소리 KI501 인천 회항 중. 연료 상태, 제반 사항 확인 요망.

소리치는 직원. 그러자

소리 회항! KI501 회항!

일제히 급박하게 다가오는 사람들.

100 기내 조종실 Ⓔ

화가 난 표정으로 핸들을 꺾는 현수.
비행기가 천천히 항로를 변경한다.

101 기내 Ⓔ

점점 밤으로 향하며 어두워지던 기내가 회항을 하자, 햇빛이 다시 기내로 비춰 들어오기 시작한다. 승객들을 치료하던 재혁도, 승객들에게 해열제를 주고 있던 희진도 비행기의 방향이 바뀌는 것을 느끼고, 둘은 서로 눈이 마주친다. 많이 위독해 보이는 장 기장도 회항을 느낀다.

102 서울공항 비행기 Ⓓ

비행기 입구 쪽에 내리려고 관료들 서 있는데, 고민하던 숙희, 무엇인가를 직감한다.

앵커 사상 초유의 항공기 테러가 발생한 KI501 항공기가

103 인천공항 가족 대기실 Ⓓ

탑승객 가족들, 뉴스 보고 있다.

앵커 이 시각 현재 회항하고 있는 것으로 알려졌습니다.

놀라는 민정, 가족들, 자리에서 일어난다.

승객3 뭐야 이거 회항이야?
승객4 기사 떴잖아.

지나는 승무원들, 자신들도 아직 정확히 알지 못한다.

승객5 미쳤어… 다시 돌아가라고?!
승객6 몇 시간을 더 어떻게 있으라고…

난리가 난다. 승객들 모두 혼란스럽다.

윤석 난 못 있어. 더 이상 못 있어! 당장 하와이에 세워.
비행기 세우세요.
승객7 미국이 받아주지 않는 거래…

웅성거리는 이들.
이들 중 몇 명은 기사를 본다.

승객8 미국에서 착륙 금지명령을 받았대… 그래서 회항 중이래요.

승객들은 충격을 받는다. 겁이 나 눈물을 흘리는 승객도 있다.

미량 (눈물 흘리며) 몇 시간 더 가면, 다 죽을 거 같애…

안에 있는 게 너무 공포스러운 승객들. 기도하는 사람들.
눈물이 난다. 혜윤도 겁이 난다.

버스 안, 옷이 다 찢어지고 머리도 헝클어진 인호.
TV에서 나오는 회항 속보를 보고 있는데, 그때 갑자기 전화가 오고, 보면 혜윤이다.

인호 여보… 여보. 좀 괜찮아? 여보?

전화가 잘 안 터지자 버스 밖으로 나오는 인호.

인호 안 들려?

기내, 한쪽 구석에서 전화를 붙잡고 있는 혜윤.

혜윤 응 들려. 들려.
인호 몸 좀 괜찮아? 어때? 괜찮지?
혜윤 민정이는?
인호 민정이는 잘 있어. 당신 몸은 어때? 괜찮지?
혜윤 응… 나는 괜찮은데. 여기 난리야… (작게) 무서워.
인호 조금만 버텨. 여기서… 다 사람들이랑 해결하고 있으니까 응?
혜윤 그치? 다 알아서 하고 있는 거지? 우리 다 살 수 있는 거지?
인호 아, 그럼 당연하지. 그게 무슨 말이야. 걱정 말고…
몸만 잘 챙기고 있어.
응? 여보세요? 여보?
혜윤 여보세요?

인호, "씨발… 전화 진짜." 하며 전화를 다시 해보지만 안 된다.
버스 밖. 비를 맞는 인호.

106 서울공항 대테러센터 앞 ⓓ

차에서 내리는 태수에게 기자들이 대거 몰려 질문한다.

기자1 회항 중이라면서요… 미국에서 착륙을 거부한 겁니까?
태수 현재… 상황이 그렇습니다.
기자2 비행기 상황은 어떻습니까?
태수 기내에 다행히 의사분도 계시고 승무원들이 최선을 다해 대응하고 있습니다.

107 서울공항 비행기 ⓓ

애써, 기운을 내서 입구로 걸어가는 숙희.
오 보좌관과 비서, 명식에게.

숙희 위기관리센터로 가요.
오 보좌관 네?
숙희 이제 얘기가 달라질 겁니다.

108 서울공항 대테러센터 앞 ⓓ

기자1 미국이 어떤 이유로 착륙을 거부한 겁니까? 우리와 우방인데.
기자2 미국에서 사태를 심각하게 보고 착륙을 거부한 거 아닙니까?
태수 현재 미국의 입장은 아직 나오지 않은 상태입니다.
기자3 회항했을 때 대책은 무엇인가요? 방역 대책 같은 것은 세워놓았습니까?
태수 보시다시피 방역시스템이 오고 있습니다. 곧 설치가 완료될 예정입니다.

109 서울공항 비행기 앞 Ⓓ

숙희 이젠. 비행기만의 문제가 아니에요.

비행기에서 내리는 숙희의 뒷모습. 계단을 걸어 내려간다.

110 서울공항 대테러센터 앞 Ⓓ

기자1 만약에… 이 바이러스가 지금, 치료제도 없고, 아직 뭔지도 모르는데… 의료진이든, 감염돼서 바이러스가 퍼지면 어떻게 하실 겁니까?

기자2 비행기뿐만 아니라. 이 나라가 전체가 생물 테러에 당할 수도 있는 거 아닙니까? 그래서 미국도 착륙 거부한 거구요.

말을 못 하는 태수.

111 서울공항 비행기 앞 Ⓓ

활주로를 걷는 숙희. 우산을 썼으나 비를 맞는다.
그녀를 따르는 수행들.

숙희 이 나라 전체가… 그 새끼의 실험실이 되어버렸어요.

112 서울공항 대테러센터 앞 ⓓ

기자 조금 전 미국의 뉴스에서 그런 비유를 했는데요.
저 비행기는 생화학 미사일 그 자체라구요. 들어보셨습니까?

태수도 혼란스럽다. 기자들에게 둘러싸인 태수.

113 기내 ⓓ

입에 거품을 물고 죽어버린 장 기장. 놀라 희진은 그런 장 기장의 심장을 계속 펌프하는데, 한 박사, 그런 희진을 말리고 희진은 한 박사의 품에서 울음이 터진다. 넋이 빠져 있는 재혁.

114 서울공항 비행기 앞 ⓓ

숙희 자존심 상하네요. 그런 놈의 모르모트가 된 거 같아서.

잠시 서 있던 숙희. 그러더니, 애써 힘을 줘 걷는다.
그녀를 따르는 보좌관들과 김명식.

115 기내 / 서울 ⓓ

완전히 어두워지기 직전, 흐린 날씨. KI501이 커다란 십자가 모양으로 오고 있다. 그 모습은 구름에 그림자가 닿아 실제 모습보다 훨씬 커 보여 마치 거대한 미사일이 다가오는 것처럼 두렵다.

하늘에선 본 서울의 풍경. 수많은 성냥갑처럼 보이는 건물.

버스 중간 좌석에 낑겨 앉아서, 메모한 전화번호를 살피며 전화를 하고 있는 인호.

인호 네네 저희가 초등학교 앨범에서 찾아보고 전화 드렸거든요… 아 화내시는 이유는 아는데. 저희도 이놈이 한국에서 나온 학교가 초등학교뿐이라… 어쩔 수가 없어서… 혹시 단서라도 있을까 해서… 여보세요?

뚝 끊긴다.

인호 아니 왜 화를 내고… 미치겠네 진짜…

이때 다급히 다가오는 윤철. "저기. 팀장님." 하며 주변을 살핀다.

인호 영장 나왔어?
윤철 아직요… 저기, 팀장님이. TV에 나온 거 보고 전화했다는데… 제보할 게 있다고. 팀장님하고만 얘기 나누고 싶다네요. (작게) 브리콤 직원이랍니다. 현재.

놀라는 인호, 한쪽으로 가서 전화를 받는다.

인호 네 전화 바꿨습니다.
목소리(여자) 그…
인호 네…
목소리 이거… 추적 안 되는 거죠?
인호 그럼요. 밖에서 통화하고 있습니다.
목소리 녹음도?
인호 아 그럼요. 이게 아이폰이라. 녹음이 전혀 안 됩니다.
목소리 브리콤하고 관련 없으시죠?

인호　그니까 제가 싸우고. 그런 거 TV로 보셨잖아요.

목소리　지금 회사가 난리라서… 눈치를 안 볼 수가.

인호　알죠. 알죠. 지금 예민한 상황인 거.

목소리　아무래도… 지금 방송 나오는 그 류진석과…
뭔가 공모를 하는 듯했어요.
오늘도… 그 뉴스 나오고 바로… 도망가듯이 월차 내구 집으로 가더라구요.

침을 삼키는 인호.

117　빌라 안 복도　Ⓓ

띵동- 띵동- 하면… "네?" 하는 소리와 음악이 크게 들린다.
빌라 복도로 들어오는 형사들, 경찰들.

인호　저기. 택배가 와서요.

경찰들, 형사들, 문 앞에 숨어, 인호 주위로 서로 수신호와 입 모양으로 얘기 중이다. 급하다.
"잠시만요…" 하는 내부의 목소리.

인호　(작게) 이거. 문 따야 되는 거 아니야?

다들, 어찌할 바를 모르고, 초인종을 한 번 더 눌러보는데, 이들의 이어폰에 들리는 소리.

윤철(소리)　팀장님. 이 새끼. 창으로 튀었어요.

놀라 일어나는 인호.

차에 앉아 있던 윤철, 보면- 빌라 창밖으로 나와 도망가는 사내, 성훈이다.

윤철 야. 저 새끼 잡아.

하면, 대기하고 있던 형사들, 성훈을 쫓고, 성훈은 빌라 창에서 뛰어내려 집 앞에 배달 왔던 배달의 민족 오토바이를 탄다.
뒤늦게 뛰어나온 배민 라이더. 그를 치며 나오는 인호, 그대로 성훈을 쫓으면, 어느새 인호 앞에 서는 윤철의 차. 인호, 재빨리 윤철의 차를 탄다. 그대로 성훈의 오토바이를 쫓는 윤철과 경찰차들.
신호 대기를 뚫고 그대로 지나가는 오토바이. 윤철, 그를 그냥 따라가는데, 그대로 퍽- 하고 마주 오던 차와 그대로 부딪혀서는 휘익- 360도를 돌아 그대로 땅에 처박힌다. 끼이익- 뒤집혀 완전히 미끄러지는 차. 겨우 서면, 완전히 눕혀진 윤철의 차에서 죽을힘을 다해 빠져나오는 인호. “씨발.” 거리며 성훈에게로 다가가는 인호다. 피가 줄줄 흐르는데, 거의 쓰러지기 직전의 인호.

인호 너… 오성훈이지?
성훈 예.
인호 너… 이 새끼… 비행기 테러 사건의 공범으로 체포한다.
성훈 아니 근데… 괜찮으세요? 피나요.
인호 뭐? 씨발.

황당한 반응에, 풀썩 주저앉는 인호.
성훈 놀라서는 “괜찮으세요?” 하며 인호를 부축한다.
“아아.” 아파하는 인호.

[Cut to]

앰뷸런스에 링거를 맞고 앉아 있는 인호, 구급대원이 인호를 치료하고 있다.

윤철 아니. 공범도 아니라면서. 왜 도망가냐고 그러면.

그 옆에 앉아 성훈을 취조하는 윤철, 윤철도 얼굴에 붕대가 가득하고 치료를 받고 있다.

성훈 무서우니까요…

이런 상황이 믿기지 않는다는 듯 잔뜩 풀이 죽어 얘기하는 성훈.

성훈 저도 속은 거예요. 그 새끼…
브리콤 때… 해고당한 거 하도 억울하다고. 하소연을 해서.
나는 진짜 그놈이 불쌍한 놈인 줄 알았거든요.

인호 아 그 무슨 말이냐고.

성훈 몇 년 전에… 중동에서 바이러스가 변종 돼 가지고 들어온 게 하나 있는데 그 코비드… 변종 같은 건데. SC-1이라는 전염성이 강한 출혈성 바이러스의 일종이라 굉장히 위험했어요.
근데… 연구원들 셋이 그 바이러스에 노출이 되어 버린 거죠.

인호 그 위험하다면서, 그렇게 몰래 들여와도 되는 거야?

성훈 그게 아시다시피 바이러스가 요즘 튀어나올지도 모르고…
돈 되는 거고 하니까. 미생물 통관이 쉽고. 감시가 덜한 곳을 찾아서 항바이러스 만들고, 백신 만들어서…
중국이나 우리나라가 그쪽으로는 검역이 쉽거든요.
근데 그… 바이러스의 관리자가…

인호 …

성훈 류진석이었어요.
… 그때… 유일하게 살아난 선배는…

류진석이 고의로 자신들을 바이러스에 노출시킨 거라며 경찰에 신고했어요. 증거는 없었지만… 선배는… 분명하다고 했죠. 류진석은 억울해하는 상황이었고 회사는 몰래 들여온 거라… 일이 커질까 봐… 그냥… 과실로 무조건 묻었고. 결국 경찰에선 혐의없음으로… 류진석은 해고되고 끝났어요.

눈물을 흘리는 성훈.

성훈　근데 그 진석이 그 새끼가. 그 착한 얼굴로… 그 샘플 보내달라고 하면서… 자기 짓이 아닌… 억울함을 밝히고… 복직하고 싶다고… 해서 내가 씨발. 속아가지고…

괴로워하며 눈물을 흘리는 그. 인호는 그의 말에 뭔가 번뜩인다.

인호　그 생존자분… 유일하게 살아난 그 선배라는 분 지금 어딨어?

119　대테러반의 차 안　Ⓓ

전화하는 인호, 그 옆엔 윤철이 타고 있다.
대테러반의 형사가 운전한다.

인호　그… 류진석 집에 있던 시체요.

국과수　네. 그 시체… 신원 알아냈는데. 류진석 모친과 잘 알던 분이었다네요. 내연관계였다는 얘기도 있구요.

인호　…그… 사체에서 혹시 그 바이러스 배양한다고 했었는데. 그거 확인됩니까? 바이러스 구조나… 보면 뭐 어떤 바이러스인지 알 수 있는…

국과수　네… 2시간이면 나오니까 아까 나왔겠네요. 확인됩니다.

120 대테러센터 관제팀 Ⓓ

카고에 상황실을 분주히 만들고 있는 대테러센터 요원들.
그중, 이상함을 느낀 관제팀장, KI501로 통신한다.

관제팀장 KI501. 속도가 500노트로 보이는데. 맞습니까?

121 기내 조종실 Ⓔ

현수 비행을 하고 있는데 표정이 좋지 않아 보인다.

현수 네.
관제팀장 왜 그렇게 속도가 빠른가요? 기계장치에 문제가 있습니까?
현수 …혹시 항로 중… 착륙 협의 되는 데가 있습니까?

122 대테러센터 관제팀 Ⓓ

뒤늦게 관제팀 상황실로 들어온 태수.

태수 협의하고 있습니다. 무슨 일 있으신 겁니까?

123 기내 조종실 Ⓔ

현수… 고개를 숙인다. 보면 팔에 수포가 가득하다.

현수 제가… 몸이 안 좋은 거 같아서요.

124 대테러센터 관제팀 Ⓓ

모두들 놀란다. 인상을 찌푸리는 태수.

125 기내 갤리 Ⓓ

희진, 승객들을 위한 수건에 물을 묻히고 있다.
그런 희진에게 다가가는 재혁.

재혁 언제부터 그랬어요?

보면, 팔에 수포다. 혼자 눈물을 흘리고 있던 희진,
얼른 눈물을 훔치며

희진 모르겠어요.
재혁 주사 맞읍시다.
희진 승객들도 모자란데요.
재혁 사무장님이잖아요. 승객들, 승무원들 다 보고 있구요.

말을 못 하는 희진. 갤리에 기댄 희진에게 주사를 놓는 재혁.

희진 올해까지만 하고 그만둘려구 했어요. 동생 시집만 보내구
그만둘려고 했는데.
재혁 시집은 자기가 가야지 언니가 왜 보내줘요.
희진 그죠? 내리면 그만둘려구요.
재혁 그래요. 당장 그만둬요.

웃는 둘. 흔들리는 기내… 재혁은 갤리의 문을 열어 자연스럽게
물을 꺼내 마신다.

희진 기장님이셨다면서요.
재혁 예전에요.
희진 기장님은… 왜 그만두셨어요?

126 대테러센터 회의실 Ⓓ

지도와 현황판을 보며 논의하고 있는 태수와 팀원들.

관제팀원1 근처에… Henderson Field라는 군사공항이 있기는 한데…
미국령이라… 허가가 안 나올 겁니다.
관제팀장 앞으로 세 시간을 더 가야 되는데…

이때, 옆쪽에서 승객 리스트를 들고 오는 관제팀원.

관제팀원2 팀장님… 승객 중에… 파일럿이 있습니다.
박재혁이라고… 기장이었고… 카테고리 원.
경력도 꽤 됩니다. 근데…

127 기내 갤리 Ⓔ

쿵- 하고 요동치는 비행기 안, 터뷸런스다. 재혁, 갤리를 잡는다.

재혁 그날도 오늘처럼 날씨가 너무 안 좋았어요.

128 기내 조종실 Ⓔ

관제팀장 부기장님. 승객 중에 파일럿이 있습니다.
혹시 알고 계셨습니까?

현수 …

관제팀장 들립니까?

129 기내 갤리 Ⓔ

재혁 착륙할 때쯤인가. 엔진 쪽 디스크가 고장 나서 엔진에 불이 붙었어요. 비상착륙을 하려는데, 노르웨이 관제탑이랑 의견이 좀 달랐어요. 관제탑은 바람이 강하니 일단 회항했다가 내려오라고 했고 저는 엔진 상태가 안 좋으니 이 정도 바람이면 착륙하는 게 안전하다고 봤죠.

희진 들은 적 있어요. 결국 비행기는 전소됐지만 승객들은 다 구조됐잖아요. 그거 갑작스러운 고장에다 악천후까지.
그래도 성공적인 랜딩으로 알고 있었는데.
그게 기장님이셨군요.

재혁 그때… 승무원 두 명이 승객들을 내보내느라 꼬리 쪽에 있다가 불이 나 사망했어요.

희진 그게… 짐을 갖고 내리려던 승객들 때문에 진로가 막혀서…

재혁 그 승무원 중 하나가 우리 최 부기장 와이프예요.

희진 …!

130 대테러센터 관제팀 Ⓓ

기록을 보며 고개를 끄덕이는 이들.
착잡한 표정의 관제팀장과 팀원들.

태수 부기장님 마음은 이해하지만… 지금이라도 빨리 알아보고… 얘기를 나눠 보는 게 어떨까 합니다. 혹시라도 그분까지 감염이 된다면… 그때는…

131 기내 조종실 Ⓔ

표정이 안 좋은 현수. 일몰의 태양이 얼굴을 가득 비추어 슬픈 표정이 다 드러난다.

132 기내 갤리 Ⓔ

재혁 그때 고집 피우지 말구… 관제탑 얘기를 들어야 했었나… 수백 번 수천 번 생각해요.
그날 이후로… 비행을 그만뒀어요. 비행기만 타면 그날이 생각나고. 두려워져서요.

잠시 그런 재혁을 보고 있던 희진. 그때 삑삑- 갤리에 울리는 인터폰. 희진, 전화를 받는다.

희진 네.
현수 사무장님… 승객분 중에 파일럿이 있었던 거 기억하죠? 박재혁 씨…
희진 네…
현수 만약의 사태에 대비해야 될 거 같아요.

퓩- 하고 피를 흘리는 현수. 입에서 나오는 피를 닦는다. 이상한 낌새에 놀란 희진.

희진 부기장님. 부기장님!

피를 흘리며 고통스러워하는 현수. 대답을 못 한다.

감염을 예방하는 비닐 천 안에 앙상하게 마른 여인.
온몸이 비틀려 있다. 아직도 끔찍한 고통 속에 있는 것처럼 보인다.

생존자 류진석이 동물들을… 재미로 죽이고 있다는 걸 알게 된 건…
그와 애인이었던 우리 연구실 동료의 고백 때문이었어요.

병실 안, TV 화면에선 KI501의 뉴스가 계속된다.
인호와 윤철은 그 끔찍한 몰골을 보고 있다.

생존자 어머니가 유명한 미생물학자였는데.
잘 기억은 안 나지만. 어머니한테 압박을 느꼈고. 스트레스를 받을 때마다 동물을 죽이며 희열을 느끼는 거 같다고 무섭다고 했었어요. 우린… 당연히 회사에 얘기하고 못하게 했는데.
아마 그게 분해서 우리한테 그랬을 거예요. 그때… 난 똑똑히 봤어요… 실험실 안에서 죽어가던 우리를… 지켜보던 그 눈을.

온몸에 찬 의료 장비. 그때 생각이 나는지 몸이 더욱 비틀린다.

생존자 웃고 있었어요. 자기 여자친구와 몇 년을 일한 동료들이 고통스럽게 쓰러지고 있는데. 그 사람… 미소 짓고 있었어요.

뭐라 말을 못 하는 인호.

생존자 전화로 얘기하신 거 들었어요. 아마… 그때 그 바이러스일 거예요.
처음에 수포가 나고… 그리고 열이 나고… 출혈이 있다가…
장기가 다 찢어질 듯 아파요. 차라리. 죽는 게 나을 정도로.

인호 …제가… 류진석의 집 사체에서 나온 바이러스 샘플을 갖고

왔는데. 그때와 비교해서 알아보실 수 있을까요?

프린트된 사진을 보여주는 인호.
생존자는 손을 겨우 들어 사진을 한동안 바라본다.
잠시 말을 못 잇고 눈물이 고인다.

생존자 어떻게 이걸 잊겠어요…

온몸에 의료기기. 눈물을 흘리며 고개를 돌리는 생존자.
무척이나 힘들어 보인다.
그런 생존자의 손을 잡아주는 인호. 스윽- 인호를 쳐다보는 생존자… 인호, 마음이 아프다.
병원, 복도를 빠르게 걷는 인호와 윤철.

윤철 씨발 새끼 진짜.
인호 내가 운전할게.

134 대테러센터 회의실 Ⓓ

위기팀장 항바이러스를 찾았답니다.

놀라 보는 태수.

135 대테러센터 회의실 / NSC 위기관리센터 Ⓓ

태수와 대테러센터 팀원들, NSC 정부 인사들과 화상회의 중이다.

숙희 (일어서며) 확실한가요?

태수　네. 류진석이 브리콤에서 바이러스를 빼돌려 테러했다고 합니다. 사체의 바이러스와 브리콤에서 실험했다는 바이러스를 확인했습니다.

숙희, 옷을 입고 나가며

숙희　지금 브리콤에 경찰 병력 얼마나 줄 수 있어요?
항공정책실장　증거들 제출하고 있습니다.
숙희　시간 없어요. 최대한 모아줘요. 기자들도요.

136　기내 조종실　Ⓔ

희진과 재혁… 놀라 들어오면… 피를 흘리고 겨우 운항을 하고 있는 현수다.
희진, 그를 부축하고 피를 닦는다.

희진　부기장님… 괜찮아요?

고개를 흔드는 현수. 지쳐 보인다. 안으로 들어와 현수를 보는 재혁. 그 모습이 안타까운데.

재혁　최 부기장…

고개를 흔드는 현수.

현수　할 수 있겠어요?

재혁, 대답을 못 한다.

137 대테러센터 관제팀 Ⓓ

조종실과 교신하는 관제팀장. 몇 명의 사람들이 둘러서 있다.
초조한 표정의 태수.

관제팀장 예전에 777기종을 운행해 보셔서 많이 다르진 않을 거고. 여기 테크니컬 서포트분도 대기 중이시니… 만약에 무슨 일이 있어도… 그렇게 어렵진 않을 겁니다.

138 기내 조종실 Ⓔ

터뷸런스로 쿨렁거리는 비행기.
재혁, 의자를 잡으며 자리에 앉는다.
현수, 재혁을 보면, 억지로 앉기는 앉았는데 좋아 보이지 않는다.

139 도로 Ⓓ

인호는 사이렌을 울리며 윤철과 브리콤으로 가고 있고,
숙희도 경찰차들과 브리콤으로 가고 있다.
경찰차들이 도로의 차들을 제치며 장관의 차를 인도한다.

미치도록 밟는 인호. 잔뜩 겁먹은 윤철.

140 브리콤 앞 Ⓓ

끼이익- 차를 그대로 밀어붙이는 인호, 쿵- 하고 바리케이드를 박살 내 버린다.
놀라 차로 몰려드는 형사들. 인호를 챙기면, 튀어나오는 인호,

경비들과 부딪힌다.

인호 빨리 열어… 시간 없어!

하는데 인호를 막는 경비들.

입구가 박살 나자 브리콤에서 열받아서 뛰쳐나오는 정장 차림에 검은 머리 외국인, 제임스, 브리콤의 대표가 경비들과 내려온다.

제임스 (영어) 다 고소합니다. 핸드폰으로… 채증 하세요.

하자, 경비들 핸드폰으로 찍는다. "안 꺼. 씨발." 하는 윤철.
경비들에게 밀리는 인호, 윤철.
경비들이 힘을 더 쓰며 완전히 막아선다. 밀리는 경찰들.
인호, "밀리지 마!" 하는데 그대로 밀린다.
나자빠지듯 넘어지는 인호. 지친다.

141 기내 객실 Ⓝ

윤석 맞잖아. 수포잖아. 빨리 절로 가 너.

보면 어린 여자 고등학생을 쫓아내고 있는 윤석.

여고생 아니에요. 이거.
윤석 얘가 왜 이래, 진짜.
너 때문에 여기 다 감염되면 어쩌려고 그래? 빨리 가…

하며 잡아끄는데, "아니라니까요." 하면서 안 가려는 여고생.
불쌍해 보인다.

혜윤 이제 그만 좀 해요.

한쪽에 있던 혜윤과 중년의 여자들.

윤석 뭐가요?

혜윤 아니 딸 같은 애한테 그러고 싶어요?!

윤석 아니 나만 살자고 이럽니까? 어떻게든 최대한 버텨야 될 거 아니에요. (여고생의 팔을 들며) 봐봐요. 이거 수포 아닙니까?!

누가 봐도 진짜 수포다. 감염되었다. 두려워하는 여고생. 그런 여고생을 끄집어내려는 윤석.

혜윤 그만하라고요! 아니… 진짜 자식도 없나.

혜윤, 그 여고생을 데리고 간다.

혜윤 가자. 아줌마랑 있자. 밖에 가면 의사 선생님도 계신다니까. 괜찮을 거야.

윤석 이 아줌마가 진짜. 가면 못 오는 거 알죠?

대꾸 없이 가는 그녀. 그러자 친구들도 간다.

미량 어차피… 이 좁은 비행기 안에서… 그렇게 다른 사람들 다 몰아붙이는 것도 좀 그렇네요.

윤석 아니 살아야 할 거 아닙니까.
이렇게 죽으면 진짜 개죽음인 거 몰라요?!

친구2 지금 여기 몇 명이나 남았는지 보라구. 그쪽이 다 쫓아냈잖아. 혼자만 살아서 내리든지.

씩씩거리는 윤석. 비즈니스에 몇 명 남지도 않았다…
그들도 두렵다. 애써 손을 들어 파이팅을 외치는 윤석.
썰렁하게 호응하는 비즈니스. 혜윤과 미량, 고등학생들을 데리고 나와보면, 중간 칸에도 환자들이 많아졌다. 희진, 수민에게 와서 군것질거리를 건네면.

수민 아빠는 비행하는 거예요?

희진 응.

수민 아빠 비행기 무서워하는데.

웃는 수민, 희진. 보면 수민이도 수포가 돋기 시작했다. 아토피와는 다르게 뚜렷하다. 놀라는 희진.

142 브리콤 앞 Ⓓ

숙희, 급히 도착해보면 형사들, 경비들에게 밀리고 있다. 병력도 얼마 안 되고, 밀리는데도 지치지도 않고 혼자 뛰어들어 소리치는 인호다.

인호 문 여세요. 증언 다 나왔어요. 그 바이러스…
몰래 수입했다면서요… 에스씨원인가 그거 통관 절차 한번 볼까요? 항바이러스, 백신도 다 있다며요.

통역을 통해 인호의 말을 듣자 놀라는 제임스. 얼굴을 찡그린다. 당황하는 제임스.

제임스 (영어) 영장이나 증거를 보여주든지. 당신들 이런 거 불법이야!

숙희 (영어) 진짜 영장 가져오기 전에. 우리 팀장님. 말 듣는 게 좋을 거 같은데요. 백신이랑 항바이러스 제공하고 정상참작 받아요. 당신들 이거 밝혀지면 회사 문 닫는 걸로 안 끝나.

제임스 (영어) 증거 있어?

숙희 (영어) 내기할까? 비행기 착륙해서 바이러스 찾아내면 출처가 어디로 나오는지? 끝까지 한번 해볼래요?

숙희의 기에 눌리는 제임스. 곤혹스럽다.

제임스 (영어) 당신 누군데…?
숙희 (영어) 나? 국토부 장관인데.
제임스 (영어) 뭐?!
숙희 (영어) 협력하시죠.

덩치 큰 사람들 사이에. 작은 숙희. 지친 듯 씩씩거리며 그런 숙희를 보는 인호.

143 기내 조종실 Ⓝ

초조한 듯 물을 마시는 재혁. 현수는 그런 재혁을 보더니

현수 그때 이후로 한 번이라도 비행해본 적 있어요?
재혁 (고개를 젓더니) …할 수 있을 거야… 맨날 하던 거였는데 뭐.

걱정하는 현수를 안심하게 하려는 재혁.

현수 휴가 가는 거였나 봐요.
재혁 휴가는 아니구… 애가 아토핀데… 친구들이 싫어하니까. 놀림 당하구. 힘들어하더라구. 와이프랑 이혼하구 나서는 말도 없어지고. 공기 좋으면 아토피에 좋다 그래서. 하와이에서 완치된 애들도 있고. 아는 형이 경비행기 사업하는데… 마침 강사 자리도 있어서. 이론이지만.

하며 웃는 재혁. 여전히 떨리는 손. 뭔가를 꺼내더니 약을 먹는다. 그런 모습을 보는 현수.

144 브리콤 앞 Ⓓ

악수하는 숙희와 제임스. 사진이 막 찍히고…
숙희는 웃으며 제임스에게 얘기한다.

숙희 (영어) 그래도… 소송은 할 거니까… 준비는 잘하세요.

약간 굳는 제임스. 하지만 억지로 웃어 보인다.

뉴스 현재. 브리콤에서 근무했던 류진석은 그곳의 실험실에서 사용했던 바이러스를 빼돌려 비행기에서 테러한 것으로 보이며. 다행히… 브리콤은 그 바이러스의 항바이러스와 백신을 소유하고 있고, 무상으로 지원하겠다는 입장을 밝혔습니다.

145 인천공항 가족 대기실 Ⓓ

TV 보는 가족 대기실. 환호성이다.

146 기내 객실 Ⓝ

승객9 치료제를 찾았대요. 지금 공식 발표 났어요.
승객10 지금 다 전화 와요. 방송에 나왔대요!

환호성 지르고, 모두들 기뻐하는 승객들.
이제 좀만 버티자며 서로를 격려한다.
좋아하는 혜윤. 희진은 갤리에 가서 조종실로 전화한다.

147 기내 조종실 Ⓝ

인터폰을 받는 현수.

현수 확실한 건가요?

희진 네…

현수, 전화를 내리며 안심하듯

현수 치료제를 찾았다네요.

재혁 그래? 아… 잘됐네. 이럴 줄 알았어. 내가. 요새는 경찰들이 뭐 다 잘하고 그러더라구. 우리나라도.

재혁, 안심하며 너스레를 떠는데, 생각에 잠기는 현수.

148 브리콤 앞 / 기내 Ⓔ

[브리콤 건물 입구]

항바이러스와 백신을 옮기는 형사들, 국과수들.
백신을 체크하며 기분 좋게 전화를 하고 있는 인호다.

[기내]

혜윤 어떻게 찾은 거야?

[브리콤]

인호 뭘 어떻게 찾아. 형사들이 다 그런 거 하는 거지.
당신은 오기만 하면 되는 거야… 잘됐지 뭐.
하와이보다 한국이 좋지. 날씨도 꿉꿉한데 막걸리두 한잔하구.

[기내]

혜윤 (기뻐서) 부침개 부쳐줄 거지?

[브리콤]

인호 그럼. 내가 김치 싹 썰어서 당신 좋아하는 오징어에 완전 바삭하게 해줄게.

[기내]

혜윤 (행복한 듯 웃으며) 돈 많이 나와 끊어.

[브리콤]

인호 (웃으며) 돈은 무슨… 좀만 참아… 응?

하고 전화를 끊으며 웃는 인호. 그때, 옆으로 누군가 선다.
올려 보면, 서 있는 숙희.

숙희 팀장님 덕분이에요. 고마워요.

벌떡 일어난 인호. 잔뜩 예의를 갖춰서는

인호 아닙니다 장관님. 공무원인데요 저는…
할 일을 한 거 뿐이고…

웃는 숙희. 인호도 웃다가 걱정이 되는지 다시 심각해진다.

인호 사실… 제 와이프가 타고 있습니다.
숙희 (웃으며) …들었어요.
인호 (간절히) 장관님. 부탁드립니다. 끝까지… 무사히 도착할 수 있도록 부탁드립니다.
숙희 (알 수 없지만 왠지 불안하다.) …네.

149 기내 조종실 Ⓝ

비행기의 항로를 변경하는 현수. 재혁, 이상한 듯 보면-

현수 이젠… 일본에서 받아주겠죠?

재혁, 무슨 소린가 보면 기침하며 피를 토하는 현수.
피가 한 움큼 나온다.

재혁 최 부기장…!

현수 나리타에 내려야 될 거 같아요. 출발할 때 날씨가 안 좋아서 그래도 좀 여유 있게 넣어둔 게 있어서 버틴 건데… 서울공항까지는 연료가 부족할 수도 있고. 그리고… 솔직히… 둘 다 비행할 컨디션이 아니잖아요? (애써 웃으며) 가보죠.

숨을 깊이 쉬는 현수. 비행기를 서서히 돌린다.
현수의 몸, 재혁의 몸이 돌고. 승객들, 희진, 승무원들,
모두의 몸이 확 돈다.
비행기가 기수를 틀고 돌아가는 모습. 어둠 속으로 들어간다.

150 도쿄 ACC / 나리타 시퀀스 Ⓝ

[도쿄 ACC]

일본팀원 (일어) 지금… KI501이 우리나라로 기수를 튼 거 같습니다.

일본팀장 (일어) 무슨 말이에요?

일본팀원 (일어) 그 생물 테러로 회항하던 비행기입니다.

[대테러센터]

서포트 지금 혹시 일본으로 가고 있는 건가요?

[조종실]

현수 네. 우리는 나리타에 착륙하겠습니다.

[대테러센터]

관제팀장 KI501… 잠시 기다려주기 바랍니다.
일본과 논의를 해야 됩니다.

[조종실]

현수 미안합니다. 더 이상 버티기 힘들 거 같습니다. 비상선언을 선포합니다.

대테러센터관제팀장 네?

웅성거리며 일어서는 사람들, 다들 놀란다.

[스카이코리아 종합통제센터 (OCC)]

운항통제사 KI501 비상선언을 선포했습니다.
최현수 부기장, 현재. 운항 불가 선언입니다.

[대테러센터]

심각한 얼굴의 태수.

태수 박재혁 씨 있지 않아요?

관제팀장 지금… 여건이 안 되는 것 같습니다.

인상을 찌푸리며 급히 전화하는 태수.

[NSC]

안보실장 일본이요?

[조종실]

더욱 레버를 미는 현수.

재혁, 옆을 보면, 현수의 상태가 너무 안 좋아 보인다.

서울공항 카고로 들어오는 음압 차량들, 시설들.
숙희도 들어온다. 사람들에게 보고를 받는 숙희.
그걸 보고 있는 인호. 왠지 심상치 않음을 느낀다.

[기내 객실]

희진 현재 저희 비행기는 승객 여러분들의 안전을 위해 일본 나리타공항에 긴급 착륙하려 합니다. 승객 여러분께서는 자리에 앉으시고 안전벨트를 착용해주시기 바랍니다.

승무원들 모두 빠르게 움직이며 승객들을 정리시킨다.
"자 이제 뒤로 갑시다, 뒤로. 착륙할 때는 뒤가 더 안전해!" 하며 이코노미로 향하는 윤석과 그를 따라가는 몇 안 남은 사람들.

[도쿄 ACC]

일본팀원2 (일어) 이미 일본 영공으로 들어왔습니다.

일본팀장 (일어) 이거 허가가 아직 안 났잖아!

전화해보는 이들, 당황한다.

[대테러센터]

급히 들어오는 숙희, 인호. 표정이 안 좋은 태수.

숙희 일본으로 간다구요?!

태수 부기장이 몸 상태가 안 좋습니다. 감염된 거 같아요. 승객 중에 기장 출신의 파일럿이 있기는 한데, 여건이 안 좋은지… 비상선언을 선포했습니다.

숙희 일본 반응은요?

태수 고민 중인 거 같습니다. 항바이러스도 있고 백신도 있다고 했고. 부기장의 상황도 얘기했는데…

숙희 외교부에 연락해볼게요.

하며 전화를 하는 숙희. 걱정되는 인호. 침이 마른다.
그런 인호를 위로하는 윤철.

윤철 괜찮을 겁니다. 형님. 백신도 다 구했는데요. 걱정 마세요.

[도쿄 ACC]

일본팀원 (일어) 어떻게 할까요? 이제 곧 나리탑니다.

당황하는 그들. 분주하게 전화를 하고 있다.

[NSC 위기관리센터]

외교부 장관, 여러 관계부처에 전화하며 일본어와 영어를 섞어 막 떠드는데, 잘 풀리지 않는 것으로 보인다.

[대테러센터]

관제팀 이제 곧 나리타에 도착할 거 같습니다.

[일본 영공]

멀리 구름을 뚫고 내려오는 비행기.
이제 일본의 도심과 함께 보인다.

[도쿄 ACC]

전화가 온다. 전화를 받는 도쿄 ACC. 표정이 심각하다.

떨리는 인호와 숙희. 일본 팀장도 전화를 기다리고,
현수와 재혁도 일본의 대답을 기다린다.

[조종실]

도쿄 ACC (영어) 여기는 도쿄 컨트롤. KI501은 들어라. 착륙을 불허한다.

다시 한번 얘기한다. 착륙을 불허한다.

재혁 뭐야… 치료제랑 다 있는데. 왜…

현수, 몸이 고통스럽다.

[대테러센터]

관제팀원 도쿄에서… 거부했습니다. 빨리 영공에서 벗어나라고 난립니다.

전화를 걸다 내려놓는 숙희,
그때 사람들 사이에서 뛰쳐나오는 인호.

인호 다시 얘기해보죠. 우리 팀들이 약 싣고 지금이라도 간다고..

간절한 표정의 인호. 그런 인호를 보던 숙희.

숙희 다시 얘기해 봐요… 무조건 착륙해야 한다구…

태수, 전화를 하지 않는다. 고개를 젓는다.
그러자 태수의 멱살을 잡는 인호.

인호 다시 얘기하라고! 이 새끼야!

태수, 자신의 멱살을 잡은 인호의 팔을 꺾자 넘어지는 인호.
그걸 보고 욱하는 윤철, 태수를 공격하려 하자 국정원들에게 제압당한다.

숙희 지금 뭐 하는 거야!
태수 이게 그렇게 단순한 문제가 아니에요. 그러다 국제 문제로 비화할 수 있습니다.

쓰러져있는 인호.

[조종실]

도쿄 (영어) 여기는 도쿄 컨트롤이다. 다시 한번 얘기한다. 착륙을 불허한다. 지금 즉시 항로를 변경하고 일본 영토를 벗어나길 바란다.

하는데 대답하지 않는 현수. 몸에 열이 오르는지 헉헉댄다.
그런 현수를 보는 재혁.

재혁 (너무 위험해 보이는지) 현수야…
현수 더 못 버티겠어요…

[기내 객실]

터뷸런스에 확- 비행기는 휘청이고.
승객들 악- 하며 비명을 지르고…

[조종실]

몸이 말이 아닌 현수. 더욱 나리타를 향해 속도를 올린다.
구름을 뚫고 나가는 비행기.

[하늘]

KI501 날고 있는데, 그때, 저 뒤로 뭔가 작은 먼지 같은 게 작게 보이기 시작하더니 순식간에 엄청난 굉음과 함께 KI501을 번쩍하는 불꽃놀이처럼 재빨리 지나간다. 보면- 어마어마한 속도의 일본 항공자위대 전투기 두 대다.

[대테러센터]

관제팀원 항공자위대 출동했어요.

일어나는 인호. 그를 부축하는 윤철.

[조종실]

현수, 몸이 무척 안 좋아 보이는데, 억지로 비행을 하고 있다. 재혁, 사라진 전투기를 어디 있는지 살피면, 어느새 조종실 바로 위로 나타난 자위대. 엄청난 크기의 자위대 전투기가 조종실 위에 거대한 크기로 짓누르듯이 서 있다.

자위대　(영어) 우리는 일본 항공자위대다. 현재 너희 비행기는 허가받지 않은 영공을 무단으로 침입했다. 지금 당장 기수를 돌리고 영공에서 나가기 바란다. 이것은 심각한 경고다. 다시 한번 말한다. 지금 당장 기수를 틀지 않으면 발포한다. 답하라. KI501.

그 모습을 공포스럽게 올려 보던 현수, 재혁. 하지만 현수는 그대로 속도를 올려 그들을 앞질러 나간다. 그러자 자위대, 휘익- 한 바퀴 도는 거 같더니 KI501의 뒤쪽으로 돌며 파바박- 위협사격을 한다. 객실 안, 마치 불꽃놀이처럼 파바박- 섬광이 지나고, 공포스러운 승객들. 보면, 자위대 전투기가 과시하듯 불을 뿜고 지난다.
현수, 기수를 틀자 비행기 확 돌며, 승객들의 몸도 확 뒤틀린다.

[대테러센터]

관제팀장　위협사격을 했어!

미칠 거 같은 인호, 숙희.

[조종실]

멀리 나리타가 보이고, 현수도 몸 상태가 점점 더 안 좋아진다.

현수　(영어) 우리는 비상선언을 선포했다. 더 이상 운항이 불가능하다. 활주로를 열어주길 바란다.

[나리타 관제탑]

지상에서 멀리 KI501이 보이고, 관제탑 직원들,
모두 일어서서 긴장한다.

나리타공항으로 날아가는 KI501.
마침내 전투기는 멀리 사라진 것처럼 보인다.
억지로 눈을 뜨고 보는 현수.
하지만 그때 멀리서 다시 휘익- 오는 전투기.
그러더니 그대로 KI501과 충돌할 것처럼 날아온다.

[대테러센터]

레이더에 두 비행기가 부딪칠 것처럼 보이고,

관제팀장 뭐야 이거… 안 돼!

[조종실]

입에서 피가 나는 현수, 그대로 나리타로 향해 간다.

하지만, 자위대 전투기 또한 지지 않고 KI501로 날아온다.
두 비행기가 서로 충돌할 것처럼 빠르게 날아가는데, 이를 악문
현수 표정. 비행기는 부딪힐 것처럼 보이지만, 결국 기수를 확-
올리고 마는 현수.
자위대 전투기 앞에서 확 떠오르는 KI501. 두 비행기의 모습이
리깅샷으로 아슬아슬 빗겨나간다. 빛이 섬광처럼 빛났다가
사라지고, 놀라는 재혁, 숨이 찬다.

[나리타 관제탑]

두 비행기의 아슬아슬하게 엇갈린 모습이 확- 보인다.
가슴을 쓸어내리는 사람들.

[대테러센터]

숙희, 겨우 한숨을 쉰다. 인호는 심장이 터질 것 같다.

[조종실]

헉헉대는 재혁… 보면. 힘이 다 빠져버린 현수가 쓰러지며
기수를 틀어버린다.
비행기가 옆으로 좌악- 쓰러질 듯 넘어가면서 몸이 급격히
틀어지는 재혁.
승객들 모두 몸이 틀어지고, 재혁은 급하게 기수를 잡고 억지로
수평을 맞춘다.

[객실]

수평이 되는 비행기. 희진, 승객들, 터뷸런스에 몸이 흔들리고,

[조종실]

재혁, 비행기를 운항하고 있다.
억지로 숨을 고르지만 지금 상황이 믿기지 않는다.

[하늘]

나리타공항을 넘어가고 있는 비행기.

[조종실]

재혁, 쓰러진 현수를 부른다.

재혁　현수야…

[대테러센터]

관제팀장　개새끼들… 민항기에 발포를 해…

어두운 표정의 숙희, 인호. 씩씩거린다.

151 기내 조종실 Ⓝ

재혁 최 부기장! 현수야, 괜찮아?

정신을 잃은 피투성이의 현수를 살피는 재혁. 희진, 뒤늦게 들어오고, 둘은 현수의 의자를 뒤로 젖힌 후 현수를 뒷좌석으로 옮긴다. KI501은 나리타를 넘어 날아가고 있다.
현수에게 해열제를 놔 주는 희진. 그런 현수가 걱정되는 재혁. 넓은 조종석에 혼자 앉아 있다.

152 NSC 위기관리센터 Ⓝ

안보실장 일본 측 기자회견입니다.

한두 사람씩, TV 쪽으로 가는 이들.

153 대테러센터 회의실 Ⓝ

숙희와 인호도 다가와 본다.

일본 외무성. 기자회견.
TV엔 속보라고 적혀 있고. 일본의 외무성(40대, 여)이 아주 담담하고 예의 있게 얘기한다.

외무성 (일어) 조금 전. 대한민국의 스카이코리아 여객기 KI501이 저희 영공에 허가받지 않은 채 불법으로 침입하여…
항공자위대가 출동, 나리타공항에 억지로 착륙하려는 KI501을 착륙지 못하게 막았으며 결국 비행기는 다시 한국을 향해 가고 있습니다.

TV를 보고 있는 사람들. 다들 침묵한다.

154 서울 도심 Ⓝ

외무성 (일어) 한국 정부는 계속해서 항바이러스제와 백신이 있다고 저희 외무성에게 알려와 착륙에 협조해줄 것을 요구했고, 저희 국방성에서 바이러스를 확인, 동일한 바이러스라고 확인을 하였으나, 저희가 독자적으로 얻은 정보에 의하면 원래 바이러스에서 잠복기를 매우 줄였다고 보이는 관계로, 그 바이러스는 의도적이든 자연적이든 변형되었을 가능성이 있어 보입니다. 그렇다면, 원래의 항바이러스제가 작용하는지, 백신이 그 역할을 하는지는 알 수 없으며 그것이 작용하는지 확인하려면 실험이 필요한데, 그 실험 절차는 매우 까다로우며 시간도 몇 개월 내지는 몇 년이 걸릴지 알 수 없는 일입니다. 국민의 생명을 보호해야 하는 정부로서는 우리 국민들을 위험에 노출시킬 수는 없는 일이었습니다.

155 인천공항 가족 대기실 Ⓝ

외무성 (일어) 이에 일본 정부는 한국 정부와 한국 국민들에게 심심한 유감을 표하며, KI501이 한국에 무사히 도착하기를 바랍니다. 앞으로 일본 정부는 한국의 우방으로서, 공식적으로나 민간 영역에서나 모든 인도적 절차를 통해 한국을 도울 것입니다.

하고, 정중히 90도 인사를 하며 발표를 마무리하는 일본 외무성.

가족1 아닌 거야? 치료제가?

가족2 뭐야… 무슨 소리야? 확실하다매…

속보… TV 뉴스에 자막이 적힌다
일본 정부, 자위대 전투기로 KI501의 나리타공항 착륙 막았다.
브리콤 항바이러스 검증되지 않아. 까다로운 검증 절차 남아.
미국도 일본도 거부한 KI501. 그 위험성을 그대로 안고
한국으로…

눈물이 나는 민정.

156 기내 객실 Ⓝ

기사들을 보고 있는 기내 승객들.

승객11 치료제가 아닌가 봐.
승객12 아니래… 검증하려면 몇 개월이 걸릴 수도 있대…
미량 우리. 다 죽는 거 아니야?

승객들 공포에 휩싸이고, 눈물을 흘리기 시작한다.
겁이 나는 혜윤.

157 대테러센터 회의실 / NSC 위기관리센터 Ⓝ

백 장관 저희도 우려하긴 했지만… 저들 말을 부정할 수 없는 게… 잠복기를 조정했다면… 바이러스가 변형됐을 가능성이 있어요.
대응팀1 그렇다면… 항바이러스가 작용할 수도 있고. 작용하지 않을 수도 있습니다. 백 퍼센트 확실하진 않습니다…

인호, 가슴이 무너지는 거 같으면 전화가 온다.

인호 응. 민정아…

민정 아빠… 그거 아닌 거야 치료제? 맞다면서… 아니야?

인호 응?

민정 아니냐구…

말을 못 하는 인호.
스피커폰과 화면으로 NSC와 숙희, 태수가 논의를 하고 있다.
인호는 그 모습을 보고 있다.

안보실장 일본의 거부로… 여론이 급격히 안 좋아지고 있어요. 서울공항이 맞습니까?

숙희 그게 지금 무슨 말이에요. 빨리 세워야 됩니다…

한 장관 근데 이게 여론도 그렇고. 상황이.

숙희 …현재 사망자 37명. 생존자가 100여 명이지만 감염자는 거의 모두라고 봐도 됩니다. 이 중에서도 위독한 환자가 50명이 넘구요. 불안하면… 빨리 착륙시켜서 본인이나 가족 동의 후에… 위독한 사람부터 테스트해 보시죠.

안경 낀 공무원 백 장관. 자신이 없는지 고개를 푹 숙인다.

백 장관 아니… 저렇게 치명적인데… 만약에… 진짜 걱정하는 것처럼. 착륙시켰는데 치료제도 안 듣고… 한 사람이라도 추가 감염자가 생기면… 전염성이 엄청난데…그때는 누가 책임집니까…

한 장관 미국이나 일본도 그래서… 거부한 겁니다.

숙희 우린 해야죠. 우리는… 우리 국민이잖아요.

태수 지상에 있는 국민들도 우리 국민이죠. 저 비행기가 한국에 착륙하는 순간 처할 위기에 대해서도 생각해 보자는 거죠. 지금은 피해를 최소화시킬 방법을 생각할 때입니다.

숙희 그러면 격추라도 하자는 말입니까? 아니면 연료도 없는데 알아서 죽어줬음 좋겠나요?

백 장관 누가 그렇게 얘기한 사람 있습니까?
숙희 지금 우리가 답을 안 해주면 그렇게 됩니다.
좀 있으면 우리 영공이에요…
태수 서울공항은 너무 위험합니다.
숙희 지방에는 사람들 없어요? 그 사람들은 괜찮습니까?

아무도 답을 못하면, 그 모습을 보고 있던 인호.
도저히 가만히 있을 수 없는지 그대로 뛰쳐나간다.

윤철 팀장님… 팀장님! 어디 가세요, 팀장님.

하며 인호를 쫓아가는 윤철. 그런 인호를 안타깝게 보는 숙희.

안보실장 …대통령께서 고민 중이시니. 좀 기다려보시죠.

158 기내 조종실 Ⓝ

재혁 대체 상태가 어느 정도입니까? 치료제 구했다면서.
일본이 자위대까지 보낼 정도고.
관제팀장 안 좋습니다.

159 대테러센터 관제팀 Ⓝ

관제팀장 치료제도 확실하지 않은 상태고…

다들 할 말이 없다.

160 기내 조종실 Ⓝ

재혁 날씨도 안 좋고… 연료도 거의 바닥이에요. 좀 있으면 오토파일럿 장치도 가동 안 될 수도 있구.

관제팀장 …

재혁 서울공항으로 갑니까?

관제팀장 …

재혁 들리세요? 서울… 들립니까?

관제팀장 …

161 대테러센터 관제팀 Ⓝ

관제팀장, 곤혹스럽다.

관제팀장 아직. 저희도 답을 기다리고 있습니다.

162 기내 조종실 Ⓝ

눈앞에 엄청난 먹구름. 쿵- 터뷸런스를 느끼는 재혁. 불안하다.

163 대테러센터 회의실 / NSC 위기관리센터 Ⓝ

숙희 이제 우리 영공이에요. 뭐라도 얘기를 해줘야 합니다.

모두들 아무도 말을 못 하고 전화기만 보고 있다. 괴로운 숙희.

164　기내 조종실 / 객실　Ⓝ

막막한 재혁.

재혁　…씨발. 어쩌라는 거야.

객실. 터뷸런스로 흔들린다. 터뷸런스를 느끼는 혜윤.

165　음압병실　Ⓝ

인호, 음압병실 통로로 들어가는데, 그 끝에 보이는 음압병실 내부. 복도와는 다르게 내부는 뭔가 위험해 보이는 병실이다. 그 안으로 들어가려는 인호를 잡는 윤철.

윤철　팀장님. 여기는 왜요. 왜 그러세요…

인호, 감정이 북받쳐 오른다.

인호　윤철아. 내 말 잘 들어. 저기. 저 바이러스 보이지.
내가 지금 나한테 바이러스를 투여할 건데…
분명히 허가가 안 떨어질 거야.

국과수 직원들이 브리콤에서 온 바이러스 샘플과 항바이러스들을 옮기고 있다.

인호　내가 알아서 맞을 테니. 너는. 바로. 김 장관한테 연락해라.
항바이러스 투약해서. 나. 살아나면… 저 사람들.
빨리 착륙시키라고. 알았어?
윤철　(놀라) 팀장님…!
인호　만약에… 나 죽으면… 와이프한테. 미안하다고 말해줘라.

서방 잘못 만나서. 씨발. 호강 한번 못하고. 미안하다고.
알았지?

윤철 팀장님… 아니, 형님. 안 돼요. 미쳤어요?
이거… 얼마나 무서운 건지 알잖아요.
아까 그 병원에서 생존자 봤잖아요. 그게 살아도 산 겁니까…?

인호 야야야. … 시간도 없고… 방법도 없어. 지금 우물쭈물하다가.
저 사람들 다 죽어. 절대 그냥 있으면 안 돼. 할 수 있을 때까지.
그래서 어쩔 수 없어도. 할 수 있을 때까지는…
해 봐야지. 내 와이프. 절대로 이렇게 못 보내. 알았어?!

윤철 형님…!

하더니, 안으로 후다닥 들어가는 인호. 스윽 가더니 국과수
팀장을 잡고 총을 갖다 댄다.
그러다 어딘가 미끄러지는 인호. 겨우 다시 일어난다.

윤철 씨발, 형님. 진짜…

그런 인호를 보고 눈물을 글썽이는 윤철.

166 대테러센터 회의실 Ⓝ

전화를 받던 명식, 숙희에게 급히 와서는

명식 그… 구 팀장님이… 바이러스를 투여 받으셨답니다.

놀라는 숙희.

167 NSC 위기관리센터 Ⓝ

따르릉- 전화가 울린다. 전화를 받는 안보실장.

안보실장 네, 대통령님. (잠시) 제 의견은… 아무래도 너무 위험하지 않나 하는 생각이 들긴 합니다. 네네. 알겠습니다.

하고 전화를 끊는다. 안보실장을 보는 장관들.
침을 삼키는 안보실장.

168 하늘 / 기내 조종실 Ⓝ

터뷸런스가 심한 가운데 날아가는 KI501.
그때 그들 앞으로 무섭게 훅 지나가는 전투기. 놀라서 보는 재혁.

재혁 뭐야… 니들도 못 내리게 하겠다 이거야?

하는데 옆으로 다가오는 공군기.
재혁이 보고 있으면- 무전이 들린다.

공군 우리는 대한민국 공군입니다. 대한민국에 들어온 걸 환영합니다. 오시느라 고생 많았습니다. 지금부터 저희가 안전하게 호위하겠습니다.

그제야 안도의 한숨을 쉬는 재혁.

169 NCS 위기관리센터 Ⓝ

안보실장에게 다가가 작지만 진지하게 얘기하는 백 장관.

백 장관 저는 이거 아니라고 봅니다… 돌이킬 수 없을 거예요.
최악의 비극이 될 겁니다.

고개를 숙이는 안보실장. 백 장관, 말없이 나간다.
다들 어쩔 줄 모른다.

170 대테러센터 음압병동 Ⓝ

빠르게 뛰어가는 숙희, 그 뒤를 따라가는 명식, 오 보좌관 등.
숙희, 음압병실로 뛰어 들어오려 하면, 막는 국과수.

국과수 여기서부터는 방역복 착용해야 합니다.

보면, 방역복 시설이다.

171 NSC 위기관리센터 밖 Ⓝ

안보실장, 청와대 밖으로 나오면- 기자들 몰려든다.

기자1 지금 공군의 호위를 받아 서울공항으로 오고 있다던데
맞습니까?
안보실장 맞습니다. 현재 안전하게 이동 중입니다.
기자1 대책은 마련한 겁니까?
안보실장 방역시스템을 확보하고. 곧바로 격리, 치료에 들어갈
것입니다.

기자2　만약에 바이러스가 퍼지면 어떻게 할 겁니까?
기자3　의료진들이 치료를 거부하고 있다는 얘기가 있던데 맞습니까?
기자4　서울공항에 착륙한다는데, 수도권 괜찮습니까?
기자5　치료제도 없는 거나 마찬가진데, 서울 대피해야 되는 거 아닙니까?

곤혹스러운 안보실장. 차에 탄다.
차가 출발하고 차에서 나오는 뉴스.

뉴스　한편, 서울 수도권에서 위험을 감수해야 하는지 전문가들의 지적이 빗발치고 있습니다.
비서　여론이 좋지 않습니다.

172　인천공항 가족 대기실　Ⓝ

그런 뉴스를 보고 있는 가족들.

정부 인사　가족분들 다들 서울공항으로 이동하겠습니다. 비행기가 그쪽으로 오고 있어요.

민정과 사람들, 우르르 나가면서도 좋지 않은 여론에 분위기가 안 좋다.

173　인천공항 가족 대기실 밖 / TV 화면　Ⓝ

공항 밖. 대기하고 있던 버스로 올라타는 가족들.
그 위로 각각의 뉴스 채널. 심각한 우려를 표한다.

채널1　착륙하게 되면 치료제를 테스트할 때까지 완벽하게 통제가 가능합니까?

채널2 글쎄요… 현재… 항바이러스가 작용할지도 모르고… 만약… 만약 한 사람이라도 감염이 된다면…

채널3 그게 통제가 조금이라도 어긋난다면 최악의 상황이 될 수도 있는 거죠. 치사율도 엄청나고… 전염률이며… 지금 미국 매체 보도들 보면 지금껏 인간이 경험한 어떠한 바이러스보다 더 위험한 것으로 예측하고 있잖습니까.

채널4 지금 정부의 무책임한 태도가 문젭니다. 아무 대책도 없이. 무조건 착륙을 시키다뇨.

채널5 이거 정말 큰일 날 수 있거든요. 비행기 승객은 140명이지만… 이거 잘못되면… 수천 명 아니… 수십만 명이 죽을 수도 있거든요.

뉴스 채널이 점점 많아지며 수많은 눈들이 빼곡히 보인다. 모두 두려움에 떨고 있는 눈빛들이다.

채널6 한편, 청와대 국민청원 게시판에는 100퍼센트 확실한 치료제가 없는 이상 안전할 수 없으므로 비행기를 한국에 세우지 않게 해달라는 청원과 반대로 그들도 대한민국의 국민이니 일단 착륙시키고 치료해야 한다는 청원이 동시에 올라왔습니다. 하지만 세우게 하지 말아 달라는 청원이 수십만 명에 달해, 열 배가 더 많습니다.

빠르게 움직이는 청원 게시판 화면.

174 음압병실 Ⓝ

삐삐- 소리가 나는 방역복을 입고, 천천히 인호에게 다가가는 숙희. 보면- 인호는 몸을 비틀며 엄청나게 고통스러워한다. 숙희에게 보고하듯 얘기하는 국과수1.

국과수1　갑자기 들어와서… 총을 막 들이대고…

숙희, 보면, 얼굴색이 좋지 않은 인호, 입에 거품을 문다.
점점 혈압이 떨어진다. 온몸에 돋아나는 수포들. 급한 국과수.
정신이 없다.

국과수2　항바이러스 더 투여합니다.

그런 인호를 바라보는 숙희, 마음이 너무 아프다.

175　기내 승객들　Ⓝ

인터넷으로 댓글들을 보는 승객들.

댓글　그냥 떨어져 죽어라. 미사일 쏴서 격추해라.
저거는 진짜 생화학 미사일이야. 민폐들.
대한민국 다 파괴된다.

그런 댓글들을 보던 승객들, 슬퍼하고. 윤석은 화가 난다.

윤석　그냥… 우리 죽었으면 좋겠다는 거야?! 같이 살아야 될 거 아니야… 지들만 살겠다고…
여고생　아저씨도 그랬잖아요. 우리 쫓아내고…
윤석　뭐?!

아까… 윤석에게 쫓겨났던 학생과 친구들이다. 할 말 없는 윤석.

176 기내 조종실 Ⓝ

공군기를 따라가는 재혁. 뭔가 이상하다.

재혁 지금… 서울공항으로 가는 게 맞는 겁니까?
항로가 이상한데…

대답이 없는 공군.

재혁 들립니까?
공군 현재… 착륙지가 변경되었습니다…
재혁 그게 무슨 소립니까? …서울공항 아닌가요?
공군 …
재혁 지금. 무슨 일 있는 겁니까?
공군 현재… 서울공항에… 시민들이 시위 중인 걸로 알고 있습니다.
재혁 …네?

177 뉴스 화면 Ⓝ

기자 현재… 서울공항으로 시민들이 몰려가고 있습니다.
착륙 금지를 외치며… 다른 공항으로 가라고 항의하고
있습니다.

차를 타고 가서 공항 근처에서 클랙슨을 누르는 차량들.
경찰들이 막고 있지만 속수무책이다.

기자 서울공항뿐이 아닙니다.
공항이라는 공항엔 주민들이 나와 공항을 점거하고 시위하고
있습니다.

다른 공항들에서도 차를 타고 나와 모두 클랙슨을 울리며
시위하고 있다.
심지어 담을 넘어 활주로로 뛰어가는 사람들.

178 거리 Ⓝ

서울공항에 가던 안보실장, 차가 막혀, 창문을 열어보면
시위대로 차가 막혀 있다.

179 대테러센터 관제팀 Ⓝ

위기팀장 시민들이 공항 활주로까지 뛰어들어서…
안전상 착륙하기가 곤란합니다.

침울해지는 태수, 할 말이 없어지는 요원들.

180 음압병실 Ⓝ

고통스러운 인호를 안타까운 눈으로 보고 있는데 들리는
사람들의 소리.
무슨 소린가 보면-

오 보좌관 공항마다… 시민들 시위로. 착륙할 곳이 없나 봐요.
…현재… 상공에서 그냥 떠돌고 있습니다.

안타까운 숙희. 슬픈 인호, 그 말을 들었는지 눈물이 흐르고,
혈압이 더 떨어지고 고통스럽게 몸이 비틀린다. "팀장님."하며
안타까워하는 윤철. 그 모습을 보는 숙희.

국과수 혈압이 더 떨어집니다. 항바이러스 더.

고통스러워 보이는 인호. 쿨럭- 피를 토한다.
인호의 고통스러운 모습. 눈물이 글썽이는 숙희.

숙희 일어나. 일어나시라구요…

181 기내 조종실 Ⓝ

공군기를 따라가고 있는 재혁. 이해할 수 없다.

재혁 씨발… 이게 도대체…
현수 기장님.

보면, 겨우 눈을 떠 얘기하는 현수다.

현수 서운해할 필요 없어요. 겁이 나서 그런 거니까… 저도…기장님 미워했어요. 사실 와이프 죽은 게 기장님 때문이 아닌데 그게 안 그러고 싶어도 자꾸 미워하게 되구.

현수를 보는 재혁.

현수 이런 일 앞에서… 사람이니까… 약해져요. 두렵고.

고통스러워 눈물이 흐르는 현수. 재혁도 가슴이 아프지만 현수의 말이 이해가 된다.

182 헬기 샷 (드론 샷) Ⓝ

기자 현재 서울공항의 시위대와 각 공항들의 반대 시위 때문에
KI501의 착륙지가 정해지지 않고 있으며,

차로 이동하던 방역팀과 가족을 실은 버스, 차량들이 일제히 멈춰 서서 유턴을 하려 한다.
그 광경을 찍고 있는 방송국 뉴스 드론. 승객 가족들이 눈물을 흘리는 모습이 뉴스에 나온다.

기자 그 여파로 방역시스템과 승객 가족들이 비행기를 쫓아
목적지를 변경하고 있습니다.

183 기내 객실 Ⓝ

그 모습을 핸드폰으로 보는 승객들.
자꾸 끊기지만 그래도 확인은 될 수준으로 보인다.

혜윤 왜… 자꾸 우리를 따라와…
미량 이거 바이러스 진짜 심각하다며 괜찮은 거야…?

핸드폰 TV로 민정의 얼굴을 보는 혜윤.

혜윤 우리 딸도 와 있어… 왜 따라와. 바보같이.
그냥 멀리 가지. 응?
친구2 어떡해… 우리 애랑. 아빠도 와 있어…

승객들 다들 동요한다. 뉴스 화면.

'착륙금지'를 플래카드로 들고 외치는 시민들과 '우리 모두

대한민국 국민입니다. 무사히 착륙하세요. — 대한 간호사협회'
'저희가 옆에 있어 줄게요 — 의사협회' 등 의견이 다른
플래카드가 격렬히 공존한다.

승객1 우리보고 착륙하라는 사람들도 있어요. 어서 오라고…
승객2 이거… 우리 이거 착륙하는 게 맞는 거예요?
진짜 이 사람들한테 다 옮기면 어떡해.
승객3 그니까… 우리 살자고… 내렸다가 다 감염되면 어쩌냐고…
윤석 그게 무슨 말이에요. 그래도 살아야 할 거 아닙니까.
승객4 살기는요. 치료제도 없는데 어떻게 살아요.
사람들 죽는 거 안 보여요?
윤석 그래도 내려야죠. 이게 무슨 개죽음이야…
승객5 아저씨… 팔에…

윤석, 보면 수포가 나 있다. 씨발… 놀라는 윤석.
겁이 나는지 울컥한다.
어떻게 해야 할지 모르는 사람들 위로 들리는 소리.

소리 우리 내려가지 마요.

보면… 혜윤이다.

혜윤 내려가지 마요 우리. 내 딸이랑. 내 남편 아프면 어떡해.
내가 아픈 게 나아.

혜윤의 말을 듣고 생각에 빠지는 사람들. 그러자 문득…

승객5 선생님. 의사 선생님. 우리 내리면 살 가능성 있어요?

한 박사의 팔에도, 한 박사 남편도 수포가 나 있다. 고개를 천천히
젓는 한 박사. 다들 한 박사의 말에 가슴이 아프다.

승객6 나 안 내릴래. 안 내려. 우리 와이프. 아픈 거보다…
내가 아픈 게 나아…

엄마… 왜 따라와… 하고 우는 고등학생.
여보 하고 가족을 걱정하는 사람들.
윤석, 핸드폰으로 TV를 본다. 울고 있는 사내.
윤석의 아들로 보인다.

윤석 이 새끼는. 평소에 말도 안 듣던 놈이. 왜 따라오고 지랄은…

훌쩍이는 윤석…

미량 이제 그만하자. 그만해. 그럼 되잖아.
그럼 다들 안 힘들 거 아니야.

서로를 잡고 우는 혜윤과 미량, 친구들. 눈물을 훔치는 희진.
그때 우는 소리. 보면-
수민이다. 다들 수민을 본다. 가장 어린 아이다.

184 기내 조종실 Ⓝ

문이 열리고, 아빠- 하고 들어오는 수민. 뒤로 들어오는… 희진.
수민이 재혁을 보며 운다.

재혁 수민아… 왜 울어.
수민 아빠… 우리 안 내리면 안 돼? 친구들이… 나 때문에 아픈
거 싫어. 맨날 아토피. 친구들한테 전염될까 봐 얼마나
무서웠는데.

재혁, 수민의 말에 놀라 희진을 바라보면

희진 승객들이고 승무원들이고 모두 다 감염됐어요. 다들 내리지 않겠대요. 너무 위험하다고. 사람들한테 미안하다고.

재혁 수민아…

하며 수민을 보는데, 수민의 팔에 수포가 가득하다.
마음이 아픈 재혁, 수민을 안아주면,
수민을 안는 재혁의 손에 보이는 수포. 그걸 보는 희진. 놀라면…

수민 근데 아빠도 아토피야?

재혁의 팔에 수포를 발견한 수민.

수민 나 때문에 걸린 거야? 아빠도?

재혁 (수민의 머리를 쓰다듬으며) 인마. 아빠가 그랬지. 아토피는 전염 안 된다고. 바보.

재혁, 웃고 있지만 속상하다. 눈물을 참는 희진.
재혁, 한숨을 쉰다.

185 음압병실 Ⓝ

삐삐- 혈압이 더 떨어지는… 인호. 정신을 잃어가고 있다.
인호를 보며 통화하고 있는 숙희.

숙희 일단 시위대를 강제로 철수시켜서라도… 무조건 착륙시켜야 합니다. 지금 우린 절대 용서받지 못할 죄를 짓고 있어요. 정말… 후회할 겁니다…

그때, "장관님!" 소리에 보는 숙희. 돌아보면

오 보좌관 KI501에서… 전달한 메시지를 방송한대요…

TV를 트는 사람들. 보는 숙희, 인호도 그 소리가 들린다.

186 대테러센터 관제팀 Ⓝ

재혁 여기는 KI501. 들립니까?

관제팀장 들립니다.

187 기내 조종실 / 대테러센터 관제팀 / NSC 위기관리센터 / 가족 버스 / 음압병실 Ⓝ

재혁 우리는, 여기 비행기에 탄, 우리 모두는 착륙하지 않기로 했습니다.

관제팀장 …무슨 소립니까…

두려워하는 승객들. 그리고 담담히 얘기하는 재혁.

재혁 사실. 저도 그렇고… 지금 이런 상황이. 정말 끔찍하고 두렵습니다.

TV를 보고 있는 사람들.

재혁 그렇다고… 우리가 지상에 내려가서 상황이 더 나아지는 것도 아니고. 오히려. 더 많은 사람들이 위험해질 수 있다는 것도… 알아요.

TV를 보는 숙희.

재혁　지상에 있는 사람들… 뭐가 무서운지 알고 이해합니다.
원망하지 않구요.

NSC 위기관리센터, 시위대들 모든 행동을 멈춘다.

재혁　그냥 우리는 전부… 아무도 원하지 않았고… 의도치 않았던…
재난에 휩쓸렸을 뿐이니까요.

두려운 승객들. 고통스러운 인호…

재혁　우리는 그냥… 나약하고. 겁 많은 인간이잖아요.

현수, 쓰러져 있다.

재혁　하지만. 또… 우리는… 인간이니까… 인간만이 할 수 있는 일이
있는 거고. 이제… 우리는… 모두를 위한 결정을 하려 합니다.

담담히 얘기하는 재혁의 얼굴.

재혁　이 결정은 우리가 지상에 있는 우리 가족들을 걱정하고
함께 사는 사람들을 위한 것이며… 우리가… 우리가 처한…
재난에 지지 않고… 인간으로서 떳떳하려는 것입니다.
그래서… 우리는. 착륙하지 않겠습니다. 마지막으로… 우리…
가족들에게 사랑한다는 말을 전하고 싶습니다. 부디 우리를
잊지 말아 주세요. 이제 모든 교신을 종료합니다.
This is KI501. Good day.

NSC 위기관리센터. 대테러센터.
항공사 종합통제센터 그리고 방송.
아무도 말을 할 수 없다.

앵커　아… 이게… 지금…

말을 못 잇는 앵커.
대테러센터 모두 고개를 숙이고, NSC 위기관리센터도 숙인다.
태수도 고개를 깊숙이 숙인다. 마음 아픈 백 장관.
시위대 멈추고 청원 멈추고 모두들 멈췄다.
마치 서울이 멈춘 듯 보인다.

188　기내 객실 / 지상　Ⓝ

그때 그 서울 위로 아주 작은 비행기가 낮게 돈다.
지상에서 보이는 KI501. KI501에서 보이는 서울.
차에서 내려 비행기를 보며 전화하는 가족들.
그때 민정에게 오는 화상 통화. 혜윤이다.

화면 가득 보이는 민정의 핸드폰에 보이는 혜윤의 얼굴.

혜윤　민정아. 민정아 괜찮지?
민정　엄마…
혜윤　사랑하고. 미안해. 엄마가 미안해.

그리고 그 혜윤의 화면 옆으로 미량의 화면.

미량　당신 말구. 애 얼굴도 보여줘.

아이의 얼굴을 봤는지 눈물이 고이고, 잠시 동안 웃는 미량.

미량　잘 있어. 미안해하지 마.

미량의 화면이 작아지고, 새로 뜨는 여고생들.

여고생 엄마 미안해… 사랑해.

승객들의 모습들이 핸드폰 영상 통화 화면으로 채웠다가 사라졌다가 한다.

윤석 너 이 새끼들아. 잘살아. 응? 아빠 돈 나눠서 잘 쓰고.

하며 울음이 터진 윤석.

승객7 사랑해. 미안해. 고마워.

승객과 가족들 서로 문자를 남긴다. '사랑해'라는 말이 적힌다. 비행기 점점 하늘 높이 날기 시작하고, 승객들, 요동치는데 어느새 구름 위로 사라지는 비행기.

그러자 셀피 화면도 완전히 어둠이 되고, 버스에서 내린 승객들은 빈 핸드폰만 보고 있다.

지상의 가족들을 비추는 뉴스 화면.

기자 시위대의 반대에 부딪혔던 KI501이 현재, 지상의 사람들에게 감염시키지 않겠다며 착륙하지 않겠다는 말을 남기고, 마치 인사라도 하듯 서울을 한 바퀴 돌고 구름 속으로 사라졌습니다. 다시 한번 말씀드립니다. KI501이 완전히 사라졌습니다.

지상의 가족들, 시위대들 모두 정적이다.

쥐 죽은 듯한 고요함 속에 숙희, 꿇어앉아 고개를 푹 숙이고 있는데, 그때 삐삐- 하고 들리는 소리. 고개를 들어 돌아보면- 병실 안, 조금씩 움직이는 인호의 손이다. 다시 울리기 시작하는 심전도 박동기. 혈압이 다시 오른다. 절망하던 국과수, 고개를 들고. 윤철도 인호를 본다. 그때 들리는 인호의 목소리.

소리 저기… 저기.

천천히 인호에게 다가가는 숙희. 힘겹게 손을 드는 인호.

인호 저기…

그런 인호의 모습을 보자 뚝- 하고 눈물을 흘리는 숙희.
윤철, 인호를 본다.
점점 올라가는 혈압. 다시 정신이 드는 인호다.
국과수, 뛰어들어 혈압과 수치를 확인하고는.

국과수 나아지고 있습니다… 항바이러스가 작용하는 거 같아요.

뉴스 화면에 보이는 비행기를 향해 손짓하는 인호.

국과수 항바이러스가 작용합니다.

눈물이 나는 숙희.

윤철 되잖아. 응? 지금 되는 거죠?
인호 …오라 그래… 빨리…

겨우 입을 열고 얘기하는 인호. 그런 인호를 바라보는 숙희다.

190 대테러센터 관제팀 Ⓝ

전화를 받는 대테러센터. 스피커폰이다.

숙희 모두. 돌아오라 그래요. 제가 책임집니다. 반응했다구요. 항바이러스가 반응했어요. 구인호 씨가 깨어나고 있다구요!

의심스러운 팀장. 듣던 태수.

태수 (잠시 고민하던) 뭐해! 빨리 연락해. 돌아오라고.

급히 통신하러 달려가는 팀장과 팀원.

관제팀원 KI501. 들어라. KI501… 치료제가 증명됐다. 지금 즉시… 돌아오길 바란다. 다시 한번 얘기한다. 치료제가 증명이 됐으니.

시그널이 움직이지 않는 걸 확인한 관제팀원.

관제팀원 신호가 안 갑니다. 교신이 안 돼요.

다들 놀라고,

191 스카이코리아 종합통제센터 Ⓝ

전화 받고 있는 항공팀장.

항공팀장 지금 KI501에서 교신을 꺼서 연락이 안 됩니다.

192 대테러센터 관제팀 Ⓝ

고민하던 태수. 갑자기 생각이 난다.

태수 지금 비행기 승객들하고 전화되지? 가족들에게 알려. 어서…

193 승객들 가족 버스 Ⓝ

가족에게 알리는 정부.

공무원 지금 항바이러스 치료제가 작용하는 걸 확인했습니다.
비행기와 교신이 안 되니 어서, 가족들에게 얘기해주세요.
돌아오라고.

다들 전화하기 시작한다. 하지만 전화가 안 되는데,
그때 누군가 메시지가 된다, 메시지는 돼요!
하자, 민정의 핸드폰으로 메시지가 온다.

혜윤(메시지) 돌아오라니. 무슨 말이야.

기뻐하는 민정.

194 기내 / 승객들 가족 버스 Ⓝ

불 꺼진 어두운 객실에 핸드폰 불빛들이 하나둘 켜지기 시작한다.
혜윤, 기뻐서 친구들과 사람들에게 알린다.

혜윤 돌아오래. 빨리 돌아오래.

혜윤, 일어서면 사람들 모두 저마다의 가족들과 문자로 연락을 하고 있다.

승객8 치료제가 된대요. 빨리 돌아오래요.

어두운 갤리로 뛰어드는 태은. 인터폰을 든다.

태은 항바이러스 찾았대요. 효과가 있대요.

195 기내 조종실 Ⓝ

놀라는 재혁, 전화를 들고 돌아보면-
희진도 그 소식을 듣고 놀란다.

태은 승객분들한테 다 전화가 와요… 모두에게…

196 대테러센터 관제팀 Ⓝ

지지직- 나는 소리. 팀원들 놀라 보면- 재혁의 목소리.

재혁 여기는 KI501. 방금 승객들로부터 연락이 왔다는데, 맞습니까?

와- 소리치며 기뻐하는 이들.

관제팀장 맞습니다. 확실합니다. 지금 즉시 돌아오길 바랍니다.

197 기내 조종실 Ⓝ

한참을 아무 말 못 하는 재혁. 감정이 복받치는 걸 참고 있다.
희진도 눈물이 그렁그렁하다.
살짝 고개를 드는 현수.

관제팀장 KI501 들립니까? 돌아오라는 말 들었습니까?
재혁 네… 들었습니다.

고개를 끄덕이는 재혁. 그러더니 돌아본다.

재혁 착륙하죠. 우리.
희진 네… (수민에게) 가자.

웃는 수민. 웃는 재혁.

198 시위 도로 Ⓝ

전광판을 보며 앉아 있던 시위대. 그 위로 뉴스가 흐른다.

앵커 속보입니다. 현재 항바이러스가 효과가 있다고 합니다.

시위대며 사람들 놀라 일어난다.

199 기내 / 음압병실 Ⓝ

인호, 손을 들어 보이는데, 눈물 흘리는 윤철.

혜윤 진짜야? 어떻게 된 거야? 아니라며.

윤철　아 맞다니까요. 형수님. 형님이. 찾았어요. 형님이.
빨리 오세요…

거칠게 숨을 쉬면서도 애써 웃어 보이는 인호.

[기내]
기뻐서 웃는 혜윤.

혜윤　네… 빨리 갈게요.

200　뉴스 화면　Ⓝ

드론샷, 시민들 모두 공항에서 비켜서기 시작한다.
다른 공항에서도 마찬가지다.

기자　시민들 모두 공항에서 빠르게 비키고 있습니다.
어느 곳이든 착륙하길 바란다며 시민들이 자리를 피하고
있습니다.

201　기내 객실　Ⓝ

희진, 인터폰을 잡고 방송한다.

희진　승객 여러분 우리 비행기는 이제 착륙하겠습니다.

다들 기쁜 승객들.
희진, 태은, 승무원들도 흥분 상태. 모두 분주히 착륙 준비한다.
승객들을 자리에 앉히는 승무원들.

승무원들　날카로운 것이나 시계 등을 모두 벗어주세요.

승객들 모두 장신구들이며 벗는다.

승무원들　그리고… 등받이에 몸을 기대주세요.

등받이에 몸을 기대는 승객들. 위급한 상황.
승무원들 분주히 움직인다.

202　하늘 / 기내 조종실　Ⓝ

구름 밑으로 빠르게 내려오는 KI501.
구름을 뚫고 내려오며 엄청나게 흔들린다.

연료 경고등이 계속 뜬다.
흔들리는 조종간을 억지로 잡고 있는 재혁.

203　대테러센터 관제팀　Ⓝ

지도와 날씨 계기판을 보고 계산하는 대테러센터.

관제팀원　KI501 현재 하강 중이나 연료가 곧 바닥이라 비상착륙해야 될 거 같습니다.
태수　비상착륙이라니…
관제팀원　위에서 너무 시간을 보내서. 엔진 없이 활강으로 착륙해야 할 수도 있습니다.

관제팀원 들립니까. 현재 곧 연료가 바닥나고 엔진이 꺼질 수 있습니다.
동력 없이… 글라이딩으로 착륙해야 할 거 같습니다.

재혁 (숨이 가빠진다.)

[대테러센터]

관제팀원 수원공항으로 착륙해야 될 거 같습니다.

[조종실]

지도를 핸들 위에 펴놓고 보는 재혁.

재혁 지금. 수원이 맞습니까? 글라이딩으로 착륙하려면.
순항고도에서 착륙지까지 20분 정도… 거리를 두고 가야
되는데 거기까지 못 갈 거 같은데.

관제팀원 바람이 밀어주고 있어서 괜찮아 보입니다.

지도를 살피는 재혁.

재혁 저는 아예 성무 비행장이 나을 거 같습니다. 예전 교육 받을 때
착륙해 본 적도 있고.

관제팀원 근데 너무 가깝습니다. 10분 정도면 도착할 거 같아요.
속도 못 줄이면. 활주로를 그냥 지나칩니다. 더구나 지금은
미는 바람인데… 그리고 거기는 활주로가 하나뿐이라…
너무 위험해요.

[조종실]

덜덜덜- 흔들리는 조종실 내부.

관제팀원 시간이 얼마 없습니다. 수원이면 수원. 성무면 성무.
착륙 각을 맞춰야 합니다. 그리고… 한 번 결정하면…
그 이후에는 방향을 바꿀 수가 없습니다. 어차피 연료도

없으니까요.

관제팀장, 미칠 거 같다.

[조종실]

고민하는 재혁.

관제팀장 수원이 나을 거 같습니다. 바람 방향이 계속 밀어주는 것으로 나옵니다.

재혁 지금… 기류가 난기륜데… 바람이 계속 10분마다 바뀌고 있잖아요…그 예측이 정확한 겁니까?

[대테러센터]

컴퓨터 화면을 보면, 기류가 요동친다.

다들 말을 못 하는 관제팀원들.

[조종실]

결정을 내리기 힘든 재혁. 잠시 눈을 감고 생각한다.

재혁 씨발… 나. 성무로 간다. 야 최 부기장… 나 성무로 갈 거야!

문득 돌아보면. 현수… 숨이 차다. 그런 현수에게 미안한 재혁.

재혁 나는… 사실 최 부기장한테는 너무 미안하지만…

아무리 생각해도… 나는 그때… 내 결정이 맞았다고 생각해…

현수 …저도 그래요. 저라도 그랬을 거예요.

재혁, 놀라 보면, 힘이 다 빠진 현수.

재혁을 보며 애써 웃어 보인다.

그런 현수를 보던 재혁, 이를 악문다.

205 대테러센터 관제팀 Ⓝ

재혁 우리는 성무로 갑니다.

재혁의 말을 듣고 서로 걱정하는 팀원들.

관제팀원3 너무 위험합니다. 빠른 착륙속도와 엔진이 꺼져서 브레이크 작동이 100%가 아닐 수도 있어요. 속도를 못 줄이면 그대로 활주로 밖으로 추락할 가능성이 있습니다.

대꾸 없이 기수를 트는 재혁. 미친 듯이 비행기가 회전한다.

관제팀원2 이미 기수를 틀었습니다.
태수 이젠… 방법이 없어. 성무 비행장 빨리 점검해.

206 음압병실 Ⓝ

뉴스 속보가 나오고, TV를 보는 숙희와 윤철. 그리고 인호.

앵커 속봅니다. KI501이 현재 연료의 문제가 있어, 서울공항에서 성무 비행장으로 착륙지를 변경한 것으로 보입니다.

207 기내 조종실 / 객실 Ⓝ

재혁, 조종간을 꽉 잡고 있다.
그러더니 전기 시스템을 확- 다 끊는다.
기내, 놀라는 승객들. 비명을 지른다.

208 대테러센터 관제팀 Ⓝ

레이더에서 사라지는 KI501.

관제팀원1 벌써 연료가 다 됐나 봐요. 엔진이 꺼졌습니다.
태수 전파 레이더로 확인돼?

전파 레이더로 확인되는 KI501.

관제팀원2 속도가 너무 빠릅니다.

209 지상 Ⓝ

어느 건물 위, 무시무시하게 빠르게 활강하는 KI501.
불도 다 꺼진 상태다.

210 조종실 / 기내 / 대테러센터 / 성무 관제탑 / NSC 위기관리센터 / 음압병실 Ⓝ

터뷸런스로 엄청나게 흔들리는 조종실.
승객들도 공포스럽게 흔들리는 기체에
억지로 등받이를 잡고 있다.

[대테러센터]

관제팀장 속도가 너무 빨라. 활주로 지나치겠어. 이러다. 추락해…

[조종실]

그때, 천천히 조종간을 꺾는 재혁. 엄청나게 흔들리는 비행기.
마치 거친 말을 다루듯 비행기에 대고 얘기한다.

재혁 (혼잣말) 아니. 아니. 괜찮아, 괜찮아.

[기내]

승객들의 몸이 확- 휘청인다.

재혁이 비행기를 길게 원을 그리며 활강시키고 있다.

[대테러센터]

관제팀원1 뭐야… 비행기가 활주로를 벗어났습니다!

관제팀원2 공기 마찰이 강해지고 있습니다. 바람 방향이랑…
마찰이 생깁니다. 속도가 줄고 있어요.

서포트 엔진도 없으니, 회전하면서 속도를 줄이는 거 같습니다.
그거밖에 방법이 없어요.

[기내]

비행기가 회전하며 하강하자 승객들 무서워서 소리 지르고,
승무원들, 희진, 억지로 참는다.

[대테러센터]

상황판 레이더, 공항을 향해 빠르게 다가오는 KI501.

관제팀원2 활주로 넘어가는 거 아니야.

[기내]

기도하는 승객들, 공포로 울부짖는 승객들.

[음압병실]

빠르게 지나치는 KI501의 TV 화면을 보면서 간절히 두 손을
모으는 숙희.
고르지 못한 숨을 쉬며 TV를 보고 있는 인호.

[조종실]

그리고 멀리 공항이 보이기 시작한다.

계속 큰 원을 그리며 도는 비행기.

재혁의 몸이 원심력에 흔들리지만, 끝까지 집중하며 활주로와 돌고 있는 비행기의 각을 맞추려 하고 있다.

[대테러센터]

관제팀원2 바람 방향이 바뀌었어요. 속도가 더 줄어듭니다.

서포트 이제 세워야 해. 지금입니다. 착륙하세요.

[객실]

승객들 소리치고 기도하지만 아무 소리도 안 들린다.

우는 사람들.

[성무 관제탑]

멀리 KI501이 보인다. 천천히 다가오는 듯하지만 사실 어마어마하게 빠르다.

랜딩 기어, 쾅- 하고 바퀴가 튀어나온다.

비행기가 계속 원을 그리며 돌면서 활주로와 일직선이 되게 맞추며 내려오고 있다.

그때, 마지막 연료를 켜는 재혁.

엔진을 확- 올리며 브레이크를 밟는다.

[대테러센터]

촤악- 엔진이 다시 켜지자 놀란다.

관제팀원2 조금 남아 있었나 봐요…

서포트 남겨뒀어…

[하늘]

후욱- 엔진 브레이크가 불을 뿜고

속도가 확- 줄면서… 그대로… 엔진이 완전히 꺼져버리는 순간,

드디어 활주로와 일직선을 맞추는 비행기. 텅- 꽈아악-

드디어 바퀴가 활주로에 닿는다.

쿵-

[기내]

까약- 소리치는 사람들.

[조종실]

재혁, 조종간을 있는 힘껏 꽉 쥔다. 눈을 부릅뜨는 재혁.

[성무 활주로]

크아악- 바퀴 날아가고… 엄청나게 흔들리는 비행기.

[기내]

비행기가 엄청나게 흔들리자 승무원들,

승객들 모두 공포에 소리치고

[성무 활주로]

미친 듯 밀려가는 비행기.

[조종실]

재혁 끝까지 브레이크를 잡지만

[성무 활주로]

활주로를 넘어 건물에 부딪히기 직전,

이를 악물고 눈을 바로 뜨는 재혁.

미친 듯이 달리는 비행기, 재혁의 얼굴에서 쿵- 하고 암전.

순간, 정적에 조용해진다. 그때 들리는 목소리.

태수　어떻게 됐죠? 현재 상황 알 수 있나요?
성무　이쪽 상황이 잘 보이지 않습니다.

[대테러센터]
초조한 태수와 서포트. 그리고 관제팀 사람들.
역시나 초조하게 상황을 기다리는 OCC 직원들.

장관들도 초조하게 보고를 기다리고 있다.
다시 대테러센터. 분명하지만 덤덤히 들리는 재혁의 목소리.

재혁　여기는 KI501. 무사히 착륙했다.

와- 하는 대테러센터. 기뻐하는 태수, 서포트, 관제팀장.
팀원 등 모두들 좋아한다.

환호성의 OCC. 기뻐하는 NSC. 백 장관.
활주로 밖으로 밀렸지만 겨우 멈춘 KI501.

숨이 차지만 차분히 앉아 있는 재혁이다. 뒤를 돌아보면 살짝 미소 짓는 현수, 그런 현수를 보는 재혁. 그때 문 여는 소리가 들리고 수민이 희진과 함께 들어온다.

비행기 창으로 보이는 내부, 서로를 안는 재혁과 수민.
그리고 승객들의 모습들이 담담히 보인다.

TV를 보는 숙희. 안도의 한숨을 지으며 인호를 보면, 인호, 살며시 미소를 짓고 눈을 감는다.
KI501로 달려가는 소방차와 응급차들.

자막. 1년 후.

보면, 국회의원들이 류진석 비행기 테러 사건 때 정부 인사들을 청문회 하고 있다.

의원 뭐 류진석이 검색했던 자료나 컴퓨터 포렌식 복구 같은 거를 통해 분석한 자료에 의하면. 평생 자신을 지배했던 어머니가 사망한 후, 뭔가 그 정체성 같은 걸 잃고 혼란을 겪다가 그런 일을 벌였다는 얘기가 가장 유력한데 어떻게 생각하십니까?

숙희 근데 그게 다. 그냥 추측에 불과한 거 아닌가요?
다 헛소리일 수도 있구요.

의원 (민망해서) 김 전 장관님 생각을 묻는 겁니다.
생각이 있으실 거 아닙니까.

숙희 저는 겉으로는 정상적인 남자가… 왜 150명을 죽이려 했는지. 아무리 생각해도 알 수 없습니다. 추측도 안 되구요. 다만 저는 가끔 이성을 벗어나는 악덕함을 가진 사람들이 존재한다는 걸 알고 있습니다. 그들이. 우리 소중한 존재를 앗아갈 수도 있다는 사실두요.

의원 아아. 됐구요. 그거는 뭐 행안부 쪽이니까. 그쪽에 질의하도록 하겠습니다. 하여간… 하마터면 정말 큰 재난이 될 수 있었던 것을… 여기 계신 여러분들의… 노고로 잘 이겨냈다고 생각합니다.

보면, 류진석 비행기 테러 사건 청문회라고 적혀 있고,
그때의 각종 공무원들이 나와 있다.
의원들이 질의하는 모습.

의원 또한 김숙희 전 장관님도… 큰 공이 있으신 건 사실입니다.
뭐… 그때… 구인호 팀장님의 살신성인도 대단한

행동이셨지만. 사실… 구인호 팀장님… 처음에 투여한 양이 잘못됐는지… 그때 이후로… 정상적인 활동은 못 하고 계시지 않습니까? 다행히… 승객분들은 항바이러스가 작용을 하고… 다들 나아져서 그렇지. 이… 확인도 안 하고 착륙을 명령했는데… 그랬다가 승객들 치료도 안 되고… 시민들 감염되면 어쩔 뻔했나요. 공직에 있는 사람으로서 너무 위험한 판단 아니었습니까?

잠시 생각하던 숙희. 마이크에 얼굴을 가까이 대며

숙희 그러면 그냥 그렇게… 연료 떨어질 때까지. 내버려 뒀어야 했다는 말인가요?

의원 아니 그런 말이 아니구요…

숙희 …그분들은… 재난 앞에서… 자기 자신을 희생하는… 담대함을 보여줬습니다. 구인호 씨… 승객분들. 모두… 재난에 지지 않고 끝까지… 도도했습니다. 어떤 일이 있어도. 그분들을 포기하지 않아야 한다고. 지켜줘야 한다고 생각했습니다.

할 말이 없어진 국회의원. 억지로 질문을 만들어낸다.

의원 아니 그게 아니라… 그 판단을… 왜 장관님 혼자 내렸느냐는 거죠. 수만 명을 위험에 처하게 할 수도 있었던 거 아닙니까?

숙희 …그래서 그만뒀잖습니까?

방청객, 웃는 사람들. 머쓱한 의원. 그런 숙희를 보며 웃는 태수. 숙희도 방청석에 앉아 있는 태수를 발견하자 웃어 보이며 살짝 목례를 한다.

아주 아름다운, 파란 서울의 하늘이 보인다. 언제 무슨 일이라도 있었냐는 듯 어느 골목에 강아지가 지나고, 어느 돌담 위에 고양이가 하품을 하고, 어느 거리에 사람들이 지나고, 어느 서울에 수많은 사람이 아무렇지도 않게 지하철을 타고, 서울 거리를 지난다. 마치 재난은 없었던 일인 양. 재혁과 수민은 언덕을 올라오는데, 언덕 끝에는 처음에 소개되었던 인호의 빌라 마당과 주차장에서 사람들이 음식을 준비하고 있다. 동네잔치다. 음식 준비를 하고 있는 혜윤을 보고 "아줌마-" 하며 반갑게 뛰어가는 수민.

재혁 팀장님 잘 있죠?
혜윤 네. 그럼요.

웃는 혜윤이다. 밥과 반찬을 준비하며

혜윤 들어가 보세요. 사람들 다 와 있어요.

여고생들, 윤석 등 비행기에 탔던 사람들 대부분이 와 있다. 희진과 현수도 얘기를 나누고 있다. 그 모습을 보며 웃는 재혁, 스윽 누군가를 찾아가면-

조그만 마당 뒤편, 휠체어와 인공호흡기 등, 기계 장치에 의존해 반쯤 기대앉아 있는 인호가 보인다. 옆에 그를 돌봐주고 있는 윤철.

윤철 형님 호흡. 호흡. 더더더 마시고. 아이고 잘하시네 우리 형님.

보면, 코에 호흡기를 달고, 온몸에는 땀범벅이지만 손도 들고, 하며 운동을 시키는 윤철을 따라 운동하는 인호. 재혁을 보고 서로 눈인사하는 윤철.

재혁 좀 괜찮으세요?

윤철 다 나았어. 의사가 아주 의지가 강하다고. 좀 있으면 이런 거 떼고 자기가 숨 쉰다고. 팔도 보세요. 이젠 다 든다니까. 좀 있으면 세수도 할 걸요. 민정이 시집갈 때 같이 걸어 들어갈 거라니까.

보면 맞다는 듯 고개를 끄덕이며 웃는 인호.

재혁 팀장님. 더 멋있어졌어요. 머리 자르셨어요?

히익- 거리며 코에 호흡기를 낀 채, 말도 못 하고 숨은 잘 못 쉬지만, 인자하게 웃어 보인다.

모두들 밝고 행복하게 밥을 먹는 모습이 마치 환상처럼 천천히 한참 보이다가 사라지고, 방파제에 쪼그려 앉아 바다를 보고 있는 작은 여자의 뒷모습. 보면, 숙희다.
촉촉이 눈물이 고인 얼굴로 바다를 보다가 그 위로 뭔가를 놓는다. 그리고 살며시 행복하게 웃는 숙희. 보면, 바다 위에 꽃다발이 천천히 일렁인다.

끝

“현실이 스포일러였어요.”

—한재림 감독과의 대화

Q 코로나19 팬데믹 3년 차에 ‹비상선언›이 개봉했습니다. 바이러스 전파를 우려하면서 살얼음판 걷듯 조심해야 했던 촬영 기간, 개봉이 연기되면서 의도치 않게 길어진 후반작업 기간을 견디셨는데요. 그 기간 내내 감독으로서 가장 많이 들었던 생각은 어떤 것입니까?

A 이 작품 자체가 팬데믹 이전에 기획됐어요. 제가 ‹우아한 세계›를 끝내고 받았던 시나리오였죠. 연출하기로 결정하고 시나리오를 고쳤는데요. 그때만 해도 바이러스 치료제와 백신의 차이를 잘 몰랐어요. 많은 사람들이 몰랐을 때죠. 요즘 바이러스 전문가로서 방송에 나오시는 분들을 그 당시에 만나서 취재하고 공부했어요. 치료제와 백신은 이런 차이가 있구나, 변이 바이러스라는 게 있구나 하는 것들을요. 그리고 가상으로 극을 짰는데 팬데믹이 닥쳤어요. 촬영에 들어가기 직전에 코로나19가 터졌고, 메르스 때처럼 금방 종식되겠지, 생각했는데 계속 퍼져나갔죠. 그 상황에서 감독으로서 가장 먼저 들었던 생각은 모든 게 ‹비상선언›의 스포일러 같다는 거였어요. 이 영화의 시나리오에 쓰여 있던 일들이 현실에서 다 일어났거든요. 예를 들면 중국 우한발 비행기가 이미 공항에 도착을 했는데 착륙하지 못하게 했던 일이 있었죠. 지금이야 사람들이 많이 잊었지만요. 시간이 지나면서 바이러스에 대해 갖는 공포심도 점점 옅어지고, 백신을 맞으면 좀 더 안전해질 수 있다, 변이 바이러스는 생길 수 있다는 것을 알게 되는 과정들도 ‹비상선언›의 스토리 안에 다 들어가 있었는데, 많은 이들이 이것들을 직접 현실에서 체험하고 느껴버린 거죠. 한 인간으로서의 저는 오지 말았어야 할 재난이 우리에게 들이닥쳐서 영화와 똑같은 일을 겪었다는 게 씁쓸해요. 하지만 이 영화의 감독으로서는 영화 같은 현실 때문에 촬영 중인 영화의 흥미로움이 떨어진다는 것이 어쩔 수 없이 난감한 일이었죠.

지금은 바이러스 때문에 비행기 착륙을 막거나 하는 일은 안 하잖아요. 그런 식의 무지에서 비롯되는 공포는 없어졌죠. 공포는 정말 무지에서 오는 거잖아요. 저는 우리 영화에서 사람들이 바이러스가 퍼진 비행기의 인천공항 착륙을 반대하는 모습이 그런 거라고 봤거든요. 지금은 우리 사회가 이타적인 마음을 많이 갖고 있고, 인류애 차원에서 서로 배려하는 모습도 보이죠. 시나리오에서 예상한 대로 되어서 기분이 참 좋지만, 영화를 만드는 입장에서 보자면 영화의 결말이 예상 가능한 결말이 돼버린 것 같은 기분이에요.

Q 현실이 영화의 스포일러였다는 점이 공감됩니다. 재난 속에서 '항공 재난 영화'를 만들어야 하고, 감독이라는 직업인으로서 재난을 통과해야 한다는 것 자체가 난감한 경험의 연속이었겠습니다.

A 현장에서 감독은 수많은 사람과 함께 하죠. 최소한 50명, 거의 100명 가까운 스태프들이 있어요. 〈비상선언〉은 특히 세트 촬영이 많아서 세트 안에 좁은 비행기 내부를 만들어 놓고 그 안에 배우들과 스태프들이 다 들어가서 촬영을 했는데요. 바이러스에 관한 얘기를 찍는 거잖아요. 모두 그 사실을 알고 있고요. 그래서 우리도 정말 두려웠어요. 지금이야 몇만 명씩 확진자가 생겨도 일상 생활에 크게 영향을 받지 않지만, 그 당시는 팬데믹 초반이라 50명, 100명만 확진자가 나와도 엄청나게 공포스러웠거든요. 아직도 기억나요. 일일 확진자 수가 100명이 넘으니까 온 나라가 들썩들썩했죠. 마스크 쓰고 방역하면서도 현장에서 다들 예민해져서 누가 기침이라도 하면 쳐다보곤 했는데요, 우리가 찍고 있는 영화의 내용이 현실에서 벌어지는 기묘한 상황도 일어났어요. 코로나19 확진자와 스쳐 갔던 사람이 한 명 있었거든요. 그때의 방역 수칙으로는 우리 중 누군가가 확진자와 스쳤다고 해서 전체 촬영을 멈추거나 하지는 않아도 됐는데, 어찌 됐건 겁이 났죠. 촬영 현장에 코로나19가 다 퍼지는 게 아닌가 싶어서요. 촬영 끝나고 밥도 못 먹으러 갔어요. 촬영하는 내용과 유사한 현실을 겪으면서 오는 스트레스가 컸고, 매일매일 두려웠죠. 또 코로나19 확진자가 우리 스태프 가운데 생긴다면 촬영을 일주일은 쉬어야 하는데, 제가 이 영화의 제작자이기도 하기 때문에 예산에 대한 걱정도 드는 거예요. 다행히 촬영이 끝날 때까지 확진자는 한 명도 없었어요. 영화 같은 공포를 실제로 경험하고, 또 영화적으로 예상했던 순간들을 현실에서도 계속 체험하는 과정 자체가 신기하면서도 정말 겪고 싶지

않은 경험이었죠.

Q 말씀하셨듯이 ‹비상선언›은 10여 년 전부터 있었던 항공 재난 영화라는 아이템에 감염병이라는 질병과 악한 인간의 테러가 결합한 '바이러스 테러'가 녹아들어 완성된 셈입니다. 이렇게 되기까지 어떤 시대적 문제들이 영향을 미쳤을까요?

A 제가 10년 전 ‹비상선언›의 시나리오를 받았을 때는 그야말로 비행기 테러와 감염병 그리고 한 남자, 딱 이 정도의 얘기가 있었어요. 비행기 안에서 인물들끼리 러브라인도 있는 시나리오였죠. (웃음) 그 시나리오가 나쁘다는 게 아니라 제 취향이 아니었어요. 그래서 할까 말까 고민하다가 못했거든요. 이미 충무로를 많이 돌아다니고 있던 시나리오이기도 했어요. 제가 아는 감독님들도 검토를 했지만 계속 영화화가 안 됐죠. 그러다가 제가 문득 어떤 것들을 좀 느꼈어요. 국내에서도 해외에서도 재난이 많이 일어났잖아요. 국내에서는 대구 지하철 참사, 세월호 참사, 그리고 해외에서는 이미 9.11 테러가 있었고, 라스베이거스 총기 사건이 일어났죠. 재난이라는 게 예전에는 대부분 자연재해였잖아요. 허리케인이나 쓰나미처럼. 그런데 사람들이 만들어낸 재난이 계속 벌어지는 거예요. 대구 지하철 참사도, 세월호도 그랬죠. 9.11 테러는 말할 것도 없고 라스베이거스 총기 사건도 한 남자가 그냥 무차별적으로 살인을 하고 자기도 자살해버린 사건이었고요. 이런 것들이 말하자면 '현대적인 재난'으로 느껴졌어요. 그리고 이런 재난을 겪은 사람들이 여전히 우리와 함께 살아가고 있죠. 라스베이거스 총기 사건 때 총을 맞지는 않았더라도 그 현장에 있었던 사람들은 지금도 트라우마를 겪고 심리 치료를 받고 있더군요. 재난은 한 번 오면 끝나는 게 아니라 우리 삶에 내내 영향을 미쳐요. 삶은 또 계속되어야 하니까 이런 것들이 우리에게 주는 공포를 어떻게 하면 이겨낼까, 하는 생각을 하게 됐어요. 그래서 ‹비상선언›의 이야기를 지금의 내용으로 풀어야겠다 싶었죠. ‹비상선언› 후반의 영상통화 장면들은 사실 저에게 있어서는 매우 다큐멘터리 적인

접근이에요. 실제 9.11 테러 때도 사람들이 비행기 안에서 전화로 가족들에게 사랑한다고 얘기했고, 대구 지하철 참사 때도 그랬어요. 정말 가슴 아픈 그런 순간들이죠. 이런 것들이 꼭 들어가야겠다고 생각했던 것 같아요. 스릴 넘치는 테러 이야기를 기대했던 분들에게는 결과적으로 호불호가 있는 것 같지만, 재난 영화로 본다면 그 흐름이 의미가 있지 않나 싶어요.

Q 〈비상선언〉은 지상과 비행기에서 따로 벌어지는 일들을 어떻게 긴장을 유지하면서 연결하고 교차시키느냐가 중요했을 텐데요. 콘티를 세밀하게 작업하셨지만, 시나리오를 쓸 때와 촬영 후 편집 과정에서 지상과 비행기의 연결이나 대조를 각각 고심하게 만든 장면이 있습니까?

A 저는 류진석이라는 인물을 재난의 상징, 재난 그 자체라고 봤어요. 쓰나미처럼. 예를 들어 일상의 어딘가에서 균열이 생기기 시작하는데, 영화 속 사람들은 그걸 모르고 관객들만 알죠. 그러면서 재난이 점점 커지다가 터지는 순간을 목격하는 게 재난 영화의 장르적 습성이잖아요. 류진석이 공항의 티켓 부스에서 사람들이 제일 많이 타는 비행기가 뭐냐고 물어봤을 때야말로 영화 속 인물들은 모르지만 관객들은 알아채는 '재난의 시작'이라고 봤어요. 그리고 비행기가 360도로 도는 첫 번째 터뷸런스 신을 '재난의 스펙터클한 첫 등장'이라고 봤죠. 그 각각의 순간을 얼마나 긴장감 넘치고 흡입력 있게 설계하느냐에 관해서 시나리오를 쓸 때부터 고민했어요. 지상에서는 인호라는 인물이 계속 재난을 추적하는 과정에서 조금씩 정보를 알려주고, 비행기 안에서는 재난을 전혀 감지하지 못하던 사람들에게 재난이 들이닥치는 과정을 교차 편집을 하면서 긴장감을 쭉 끌고 갔는데요. 솔직히 말하면 시나리오 때나 콘티 작업을 할 때나 이 부분은 어렵지 않았어요. 제가 좋아하는 스릴러 적인 긴장감, 서스펜스를 만드는 것은 논리적인 부분이기 때문에 이미 시나리오에서 다 교차 편집이 돼 있었고, 콘티를 그릴 때도 시각적인 연결을 정확하게 표현할 수 있었죠. 예를 들어, 진석의 아파트에서 과학수사관이 비디오 데크에 테이프를 밀어 넣고 재생 버튼을

누르면, 비행기 안에 있는 류진석이 바이러스가 들어있는 용기를 천식 흡입기에 딱 꽂아서 돌린다든지 하는 시각적 연결성을 그때 다 만들었어요. 음향과 음악은 물론이고요. 극 중에서 하와이에 착륙하지 못하고 회항할 때까지의 부분은 이미 제작 초반에 다 완성이 됐던 거예요. 중요한 건 뒷부분이었죠. 후반부에 대한 고민과 강박 같은 게 있었고요.

Q '재난의 스펙터클한 첫 등장'이었던 360도 터뷸런스 신과 그 신의 빛 설계가 인상적이었습니다. 시나리오의 지문이 어떻게 재난의 이미지로 전환되는가에 대한 좋은 예일 텐데요. 기내로 들어오는 빛줄기, 수평으로 휘날리는 여성 승객의 긴 머리카락이 보이면서 비행기가 회전하기 시작하죠. 이모개 촬영감독과는 이런 이미지 구현을 위해 어떤 점을 가장 중요하게 논의하셨습니까?

A 저희는 촬영감독님이 두 분이셨어요. 이모개 촬영감독님도 촬영을 하셨지만 B팀을 맡으셨던 박종철 촬영감독님도 단순한 B팀의 개념이 아니었어요. 두 분이 함께 촬영을 하신 거예요. 두 분에게 이 작품을 처음부터 끝까지 인물들과 거리를 두며 다큐멘터리처럼 찍고 싶다고 얘기했어요. 진짜 같은 느낌이 들게. 그렇기 때문에 영화의 첫 장면부터 관객들은 낯설게 느낄 수도 있어요. 인물들을 클로즈업 대신 공항의 인파 속에서, 즉 사람들 속에서 잡아내려고 노력했거든요. 렌즈도 망원 렌즈를 써서 훔쳐보듯이 찍었는데, 그런 기조로 360도 터뷸런스 신까지 쭉 간 거예요. 시나리오에 이미 비행기가 360도로 회전한다는 지문은 있었어요. 터뷸런스 신의 콘셉트도 당연히 비행기 좌석에 앉아 있어서 그걸 겪는 것처럼 그려보는 것이었죠.

〈관상〉 때도 그랬고 저는 인물 또는 영화상의 거대한 존재감을 등장시킬 때 관객들에게 그 모습을 가장 흥미롭게 보여주고 싶은 욕망이 큰 것 같아요. 그래서 재난을 어떻게 등장시킬까, 터뷸런스 신도 어디서부터 시작을 할까 하다가 아주 작게 머리카락에서 시작해볼까, 그러니까 머리카락이 옆으로 붕 뜨는 장면을 보여주면 어떨까, 그다음에는 360도로 비행기가 도니까 빛도 비행기 안에서 돌면 어떨까, 그런 것들을 보여주고자 했죠.

우리가 할리우드 영화들에서 종종 봤고 실제로 참고도 했지만, 기존 영화에서 대부분 터뷸런스 신은 체험하듯이 보여주는 게 아니라는 느낌이 많았거든요. 유심히 관찰해보니까 그들도 비행기를 360도로 돌리지만, 테크노 크레인 같은 장비를 비행기 안으로 집어넣어서 찍는 거예요. 이 방식이 주는 한계가 있어요. 할리우드가 장비를 사용해서 비행기 내부 승객들을 관찰하듯이 찍는다면 우리는 두 촬영감독님들이 비행기 내부에 실제 자신들의 몸을 달았어요. 카메라는 핸드헬드로 들고, 승객 역할을 하는 배우들 한 사람 한 사람의 얼굴 핏줄까지 잡는 식으로 리얼함을 담았죠. 두 분의 헌신이 정말 컸어요. 물론 제가 비행기 안에 직접 타서 찍어달라고 말하진 않았습니다. (웃음) 두 분이 먼저 이 장면은 직접 타서 찍어야겠다고 얘기하셔서 너무 감사했죠. 제가 무전기로 "누구를 잡아주세요. 이게 중요합니다" 라고는 했지만 승객들 4, 50명에 대해서 일일이 다 지정하지는 않았어요. 촬영감독님들이 그 순간에 승객들의 표정들을 보면서 찍어나간, 뭐라고 표현해야 할지 모르겠는 훌륭한 순간이 있었어요. 감독이 정확하게 예측하고 디렉팅하지 않았는데도 포착되는 순간들이 있거든요. 마치 기적처럼. 이 영화는 그런 순간들로 만들어졌어요.

승객 역을 맡은 배우들도 대단했습니다. 사실 비행기를 360도로 돌리는 짐볼의 실제 속도는 영화와 다르게 그리 빠르지 않아요. 짐볼 위에 얹혀 있는 비행기 내부에 타보면 처음에는 무서워서 긴장하지만 한두 번 하면 적응되거든요. 그런데 화면에 아우성과 공포, 고통이 보이는 건 다 연기를 한 거예요. 그런 순간들을 포착할 수 있었다는 게 중요했던 것 같아요.

Q ‹비상선언›이 지닌 재난의 현실감은 사운드에서도 느낄 수 있습니다. 승객들이 탄 항공기나 자위대와 대한민국 공군 비행기들이 날아올 때의 굉음, 터뷸런스와 글라이딩 때의 굉음들이 현실감을 끌어올리는 요소들이죠. 시나리오에서 미리 적을 수 없는 부분이지만 시나리오를

쓰면서 연상하신 사운드 디자인도 있을까요?

A 시나리오를 쓸 때는 영화의 시각적 요소나 청각적 요소에 대해서 무책임할 수도 있지만, 어느 정도 염두에 두고 쓸 수도 있다고 봐요. 어쨌든 저는 굉장히 리얼한 느낌을 주고 싶었어요. 비행기가 이륙할 때도 날개가 부르르 떨린다든지 하는 식이죠. 비행기를 타면 들리는 기체의 소리가 꽤 있거든요. 그런 소리를 많이 넣으려고 했어요. 360도로 회전할 때는 이 비행기가 울부짖는 소리 같은 걸 집어넣으려고 했고요. 마지막 글라이딩 신에서도 무척 슬픈 느낌이기에 비행기의 울음 비슷한 느낌을 주려고 했는데 블루캡에서 사운드 디자인을 너무 잘해줬어요. 할리우드 팀의 도움도 받았다고 알고 있고요. 티웨이 항공의 협찬으로 비행기에 실제 탑승해서 현장 소리를 녹음한 후 그 소리들을 사용했죠.

Q 영화에는 항공, 재난 관련 특수 용어들도 많이 나옵니다. 시나리오를 쓸 때 항공 운행 정보나 데이터, 정부의 위기 대처 매뉴얼에 대한 취재는 어떻게 하셨습니까?

A 제가 10년 전에 처음 받았던 시나리오는 360도 터뷸런스 신이 없는, 평범한 항공 재난물이었는데요. 터뷸런스 신을 추가해서 영화적 재미를 만든 거죠. 기장이 죽는 시점에 어떤 긴장을 줘야 이 재난이 정확하게 관객에게 가 닿을 수 있을까, 기장이 고꾸라져서 조종간에 머리가 닿는다면 비행기가 계속 돌지 않을까, 상상한 것인데요. 그 장면이 실제로는 일어날 수 있는 상황이 아니라고 알고 있어요. 비행기가 계속 회전하더라도 그 안의 사람들은 영화에서처럼 좌석 위로 솟구치거나 이리저리 구르게 되지는 않는다는군요. 그래도 영화적 허용이 가능하다고 생각했어요.

‹비상선언›을 위해 취재를 할 때 항공사 부기장으로 있는 제 친구에게 많은 조언을 얻었어요. 대테러 센터 출신의 어떤 분도 만나서 도움을 받았죠. 실제로 이런 일이 벌어지면 어떻게 해야 할까 물어봤을 때 그들은 정말 냉정하게 얘기하더군요. "가장 첫 번째는 다수의 피해를 줄이는 것이다." 피해

최소의 원칙이죠. 매뉴얼은 도덕적인 기준으로 만든 게 아니라, 말 그대로 매뉴얼이니까요. 그래서 취재를 많이 했어요. 경찰, 항공 관계자, 대테러 센터, 전염병 전문 박사들까지 총 네 팀의 전문가들을 만났는데요. 비행기 조종석이 나오는 장면을 촬영할 때는 티웨이 항공의 기장님께서 현장에 항상 와주셨어요. 매 상황마다 어떻게 조종해야 하고 어떤 장치를 눌러야 하는지 세심하게 컨트롤 해주셨죠.

Q 〈비상선언〉은 주연은 물론 비중이 그리 크지 않은 역할까지도 호화 캐스팅을 자랑합니다. 지금의 캐스팅이 어떻게 성사됐는지 궁금한데요. 배우들이 이 시나리오, 혹은 이 프로젝트에 대해 공통으로 보인 반응이 있었나요?

A 우선 팬데믹 이전에 기획된 영화이기 때문에 배우들이 시나리오를 받았을 때 아마 두 가지 면을 고려했을 것 같아요. 항공 재난, 그리고 바이러스 테러. 저는 이 두 가지 신선함이 강력했다고 봐요. 물론 제가 배우들에게 직접 물어본 건 아니에요. 시나리오를 드렸는데 하신다고 하면 "고맙습니다" 하지, "왜 한다는 거예요?"라고 물어보진 않으니까요. (웃음) 지금 관객들이 본 내용과 배우들에게 갔던 캐스팅 시나리오 내용은 거의 같아요. 배우분들이 이 영화의 후반부와 엔딩을 굉장히 좋아해 주셨어요. 엔딩에 대해서 마음 아파하셨고, 우리들의 이야기 같다며 공감해주셨던 것 같아요. 이 세 가지 요소가 캐스팅의 주요 요인이 아닌가 싶어요.

비행기 내부에서 벌어지는 일들은 영화적인 엔터테인먼트 요소가 많은데, 그런 걸 고려했을 때 관건은 지상에서 벌어지는 일들은 누가 책임져 줄 것이냐의 문제였어요. 그때 송강호 선배 생각이 났어요. 이미 〈우아한 세계〉와 〈관상〉이라는 두 작품을 함께 했었고 명실공히 우리나라 최고의 배우잖아요. 만약 강호 선배가 안 한다고 하시면 저도 연출할 자신이 없었어요. 다른 누가 이 역할을 할 수 있을지 마땅히 떠오르는 사람도 없었거든요. 지금도 안 떠오르고요. 강호 선배가 안 하시면 설령 다른 캐스팅이 잘 되더라도 지상 부분이 너무 약해져서 비행기 상황과 균형도 안 맞을 것 같았어요. 그렇게 되면 연출 말고 제작만 해야겠다는 생각까지 했을 정도예요. 다행히도 강호 선배가 한다고 하셨죠. 그다음으로 비행기 안의 상황을 끌어갈 또 다른 주인공은 누가 좋을까를 고민했어요. 트라우마가 있는 기장 출신에, 아픈 딸이 있는 아버지 역할을 누가 할 수 있을까. 장르 연기에 굉장히 탁월하신 이병헌 선배님이 생각나서 시나리오를 드렸는데, 일주일 만에 하시겠다고 연락이 왔어요. 이후에는 정말 빠르고 순탄하게 캐스팅이 됐죠. 그래도 가장 고민했던 역할은 임시완 씨가 맡은 류진석이었어요. 진짜 테러리스트처럼 보일 것이냐 약간 미친놈처럼 보일 것이냐 아니면 말끔하게 생긴 사람으로 할 것이냐... 가장 임팩트를 줄 수 있는 모습이 좋겠다는 생각에 임시완 씨에게 시나리오를 드렸어요.

Q 임시완 배우가 연기한 류진석은 나름의 전사를 생각해놓은 게 있으시다고요.

A 앞서 진석을 재난의 상징이라고 말씀을 드렸는데요. 영화에서 쓰나미가 오면 그 쓰나미의 원인을 분석하겠지만 그걸 오랜 시간 그리지는 않죠. 쓰나미가 닥친 이후를 그리는 데 더 중점을 두잖아요. 혜성이 지구에 부딪히면서 지구가 폭발하는 영화를 만든다고 하면 혜성이 왜 오는지를 구구절절 그려낼 필요는 없는 식이죠. 일단 재난이 닥치는 상황에서 어떤 일들이 벌어질 것이냐, 어떻게 살아남을 것이냐가 더 중요해져요. 라스베이거스 총기 사건도 마찬가지였던 것 같아요. 저는 이 사건이 정말 묘하다고 느꼈어요. 범인은 사회적 소수자도 아니었고 부유한 환경에서 살던 백인 남자였는데, 어느 날 총을 엄청나게 사 들고 호텔을 잡고서는 무차별 사격을 해서 수많은 사람들을 죽였죠. 결국 자기도 죽었고요. 디지털 포렌식 등 온갖 수사를 다 해도 결국 이 남자가 왜 그런 일을 벌였는지 그 원인을 못 찾았어요. 저는 이런 '현대적인 재난' 같은 인물을 그려내고 싶어서 류진석이라는 캐릭터를 만들었죠. 다만 그가 바이러스 테러를 벌인 이유에 대한 흔적들은 조금 남겨뒀어요. 류진석이 대체 왜 이런 일을 벌였는지 사람들이 추리할 수 있도록 말이죠. 예를 들면 형사들이 류진석이 사는 아파트를 찾아갔을

때 '서울시는 재개발을 허가하라'는 플래카드가 보인다든가, 이게 보기엔 낡아 보여도 40억짜리 아파트라는 대사들, 그리고 예전 동료들이 말하는 류진석과 엄마의 관계에 대한 묘사 같은 것들이에요. 류진석이 왜 그랬을까 어느 정도 추측하게 하고 싶었어요. 하지만 범인을 어떤 식으로 규정하거나 이해하게 만들고 싶지는 않았죠.

그 외에도 승무원 사무장 역할이 굉장히 중요했어요. 재난을 지탱해 주는 사람이니까요. 〈더 킹〉 때 인연으로 김소진 씨에게 한 번 더 부탁드려봤죠. 송강호 선배의 와이프 역할도 저에겐 이미지가 너무 중요했어요. 현실의 와이프가 TV에 나오는 것 같은, 진짜 살아있는 사람 같은 느낌의 캐스팅을 고민하다가 우미화 씨가 생각이 났죠. 이런 여러 캐스팅 과정이 있었어요.

Q 재난 영화에서 자기 할 일을 묵묵히 해내는 전문가는 필수 불가결한 캐릭터 같습니다. 김남길 배우가 연기한 최현수 부기장, 김소진 배우가 연기한 승무원 사무장 같은 이들이겠죠. 당연하지만 꼭 필요한, 모범적인 캐릭터들을 연기할 때 배우들의 연기 톤은 어떻게 만들어가려고 하셨나요?

A 전문가들도 겉모습은 그냥 평범한 경우가 많잖아요. 대테러 센터에서 일하셨던 분을 만났을 때도 그랬지만 커피숍에서 만난 감염병 관련 박사님은 더 평범한 일반인 같았어요. 항공사 부기장인 제 친구도 식당에서 같이 밥 먹을 때는 그냥 아저씨거든요. (웃음) 술 먹을 때는 평범한 아저씨지만 자기 일을 할 때는 전문가의 모습이 보이죠. 배우들에게도 그만큼 "실제 인물로서 존재해 달라, 영화적 과장을 하지 말아달라"고 디렉팅했어요. 그게 저한테는 중요했어요. 최현수 부기장도 일상적으로 자기 일을 열심히 한 사람이에요. 그런데 김소진 씨가 연기한 승무원 사무장 같은 경우는 조금 어려웠어요. 최현수 부기장은 그래도 자기 말로 감정 표현을 해요. 승무원 사무장은 승객들이 다 보고 있기 때문에 자신을 숨기면서 직업인으로서 일하는 모습을 표현해야 했죠. 어떻게

보면 가장 영화적인 인물일 거예요. 나중에 이병헌 선배가 연기한 재혁과 사적인 대화를 할 때 처음으로 동생 시집만 보내고 스튜어디스 그만두려고 했다는, 개인적이고 인간적인 얘기가 잠깐 나오죠. 그 순간이 저는 참 좋아요. 그녀도 진짜 사람 같다는 느낌이에요.

Q 이야기는 영화적 허용을 받아들이되 인물들은 평범하게 간다는 방향이 일관되네요. 그리고 보면 국토부 장관 역의 전도연 배우는 전작이 ‹생일›이었고, 재난을 당한 유가족을 연기했었죠. 그런데 국토부 장관으로 영입했다니, 어떻게 설득했을까 궁금합니다.

A 감독이 캐스팅을 할 때 역할에 맞는 사람을 찾는 게 우선이지만 팬심으로 하는 캐스팅도 있을 수 있잖아요. 전도연 선배는 제가 개인적으로 존경하고 좋아했던 배우였고 꼭 한 번 같이 일해보고 싶었는데 기회가 계속 없었거든요. 이번에 국토부 장관 역을 하시는 게 의미가 있지 않을까, 욕심을 내서 도전해본 거죠. 그 역할이 분량이 많지는 않았지만 그래도 이 영화의 마무리를 해주는 인물이라고 생각했어요. 영화 후반 항구에 앉아있는 숙희의 얼굴이 말해주는 것이 너무 중요하다, 이것 때문에 이 영화를 하는 것일 수도 있다, 그러니 선배님이 함께 해줬으면 좋겠다고 만나서 설득했죠. 전도연 선배님이 제 마음을 잘 이해해주셨어요. 시나리오에서도 중요하게 자리했던 장면이고 완성된 영화의 후반에도 중요한 한 컷으로 들어가 있죠.

Q 그때 숙희의 표정이 기억납니다. 살짝 웃는 것 같으면서 우는 것 같은 표정을 디렉팅하는 게 쉽지 않으셨을 듯합니다.

A 디렉팅은 어려웠는데 연기는 쉽게 해주셨어요. 제가 현장에서 뭔가 여러 생각이 드는 애절한 마음을 표현해달라고 했는데 전도연 선배님은 어떤 느낌인지

정확히 알고 계셨죠. 2-3 테이크 만에 오케이 했어요.

Q 4, 50명 되는 승객들을 연기한 배우들은 다 오디션을 거쳐서 뽑았다고 알고 있는데요.

A 이 영화를 지탱해 주는 가장 중요한 캐스팅이 승객들이셨는데요. 심혈을 기울였어요. 승객 분량 촬영 직전까지 오디션을 봤죠. 어디서나 있음 직한 사람들로 보이면서 역할마다 이미지와 연기가 다 맞아야 되는 배우를 뽑으려고 했어요. 너무 개성이 강한 분들은 어울리지 않는다고 느꼈거든요. 비행기에 탔을 때 그냥 옆에 있을 것 같은 사람이어야 하니까요. 그게 가장 어려웠어요.

Q 승객들이 다 중요한 역할을 하시지만 조금 더 비춰지는 분들이 있잖아요. 촬영을 하면서 비중이 커진 캐릭터도 있을까요.

A 승객들이 하는 대사가 많았지만 누가 할 것인지는 지정하지 않고 촬영을 해나가면서 이 사람이 이 대사를 했으면 좋겠다는 걸 하나씩 정했죠. 그 방식은 승무원 역할의 배우들도 마찬가지였어요. 승무원 배우가 5명 있었는데 대사를 줄 때는 촬영을 해보면서 배우의 성격과 이미지가 대사와 잘 어울리는 사람을 찾았어요. 이 사람이 공포에 질린 연기를 잘하는구나, 이 사람은 좀 침착한 연기를 잘하는구나를 파악하고 그 후에 대사를 드리면서 부탁했죠. 이 부분은 제가 처음부터 승객과 승무원 역할을 하신 배우들에게 다 양해를 구했어요. 역할이 커질 수도 있고 작아질 수도 있다고. 다들 잘 이해하고 연기해주셨죠.

Q 형사팀장 구인호는 일상과 직업이 밀착해 있는 중년 소시민입니다. 희생을 마다치 않는 캐릭터이고요. 재혁은 아토피로 고생하는 딸을 챙기는 아버지이자 트라우마를 지닌 파일럿이며, 이 영화의 의도를 후반에 책임지고

전달해야 하는 역할이기도 해요. 지상과 하늘에서 두 아버지이자 성실한 직업인들에게 영화를 끌고 갈 힘을 부여하셨는데요. 지금의 한국 사회는 그런 이들이 앞장서서 끌어줘야 한다는 생각이 반영된 것일까요?

A 관객들은 이런 영화에서 영웅을 원하죠. 예를 들어 ‹다이하드›처럼 브루스 윌리스가 모든 걸 해결해주길 바라지만 현실에서 그런 영웅은 없어요. 그만두실 때 머리카락이 하얗게 되셨던 정은경 전 질병관리청장 같은 분들이 영웅인 거죠. 자기 직업과 자기 삶에 충실한 분들이요. 간호사분들, 의료진들도 그렇고요. 진짜 존경스럽잖아요. 그들의 헌신은 월급 받는다고 할 수 있는 일이 아니죠. 비상선언을 했는데도 착륙할 수 없는 비행기라는 이 아이러니에는 슈퍼맨이 와도 착륙시킬 수 없는 복잡한 이해관계가 얽혀 있어요. 그 이해관계 안에서 각자의 일을 회피해버렸을 때 문제가 생기잖아요. 그걸 보여주고 싶었어요. 영웅은 없지만 각자 지금 상황에서 조금의 용기를 내고 최선을 다하다 보면 재난을 이겨낼 수 있지 않을까, 그렇다면 비상선언을 선포했음에도 착륙하지 못하는 비행기 또한 결국 착륙할 수 있지 않을까, 하는 어떤 희망과 바람을 그리고 싶었죠.

Q 말씀하신 것처럼 ‘비상선언’은 항공기 운항에 있어서 절대적 원칙인데 극 중에선 힘을 발휘하지 못하죠. 그 아이러니에 대해 조금 더 설명하고 싶은 부분이 있으세요?

A 영화 제목이 ‹비상선언›인데 왜 착륙을 안 시켜주냐, 그럴 거면 제목을 왜 ‹비상선언›이라고 했냐는 관객 반응이 있더군요. 저는 착륙하지 못하는 아이러니가 정말 중요하다고 봤는데 말이죠. 예를 들면 ‹우아한 세계›라는 제 영화가 한 남자의 진짜 ‘우아한 세계’를 그리고 있지는 않잖아요. (웃음) 그런데 왜 제목이 ‹우아한 세계›냐고 지적한다면 할 말이 없어져요. ‘우아한 세계’는 역설이니까요. ‹비상선언›도 마찬가지죠. 영화의 오프닝에서 ‘비상선언’은 항공 용어이고 비상계엄과 마찬가지로 모든 명을 우선한다고 정확하게 설명해요.

그리고 착륙할 수 없는 비행기의 아이러니함을 최대한 극대화한 거예요. '비상선언'을 선포했음에도 불구하고 착륙하지 못하는 이 비행기의 처지가 얼마나 불쌍한가. 얼마나 가여운가. 이들이 죄를 지은 것도 아니고 그냥 들이닥친 재난과 마주친 사람들일 뿐인데. 그럼 우리는 이들을 위해서 어떻게 해야 하나를 생각하는 영화이기를 바랐거든요. 그래서 제목을 그렇게 지었던 것 같아요.

Q 혹시 비행기 승객들이 '우리는 내리지 않겠다'는 재혁의 마지막 교신을 끝으로 정말 지상에 내리지 않고 사라져버리는 엔딩도 생각해보셨습니까?

A 음… 있어요. 정확히는 내리지 않겠다, 사라져버린다로 끝이 아니라 과연 이들은 어디로 가는 걸까 하는 생각을 해봤죠. 내리지 않겠다라는 것은 일종의 상징적인 표현이지, 연료도 다 떨어진 비행기가 어디로 가겠어요. 이런 혼란 속에서도 우리가 다른 이들에게 피해를 주는 것이 너무 두렵기에 하는 이타적 선택이 중요하다는 의미였어요. 내가 코로나19에 걸린 것 같은데 식당에 가지 말아야겠다, 남들에게 피해 주지 말아야지, 라는 그 마음들이 소중하다고 생각했던 거예요. 그리고 착륙에 반대했던 사람들이나 찬성했던 사람들 모두 얼마나 미안하고 마음이 아플까, 라는 것에 더 집중한 거죠. 넓게 보면 난민 문제도 마찬가지잖아요. 난민들도 오갈 데 없는 신세가 됐을 뿐, 죄가 있는 게 아니죠. 그런데도 자신들을 싫어하는 사람들 앞에서 그들이 어떤 선택을 할 것인가와 연결될 수 있다고 봐요. 대한민국 사회에 퍼져 있는 또 다른 혐오의 문제와도 연결되죠. 좁게는 나와는 다르다고 공격받는 이들, 나아가 우리에게 피해를 줄 것이라는 이유로 소외된 모든 사람들을 포함할 수 있다고 봤어요. 그런 사람들이 내린 이타적인 결정이 대단하다고 생각했고, 그렇게 내몰 수밖에 없었던 우리들의 죄책감, 미안함을 들여다보는 게 중요했어요.

Q 영화를 만들 때부터 '우리는 내리지 않겠다'는 이타적 선택이 관객들에게 혹은 사회적으로 충분히 이해받을 수

있을까 많이 고민하셨겠죠. 개봉 후의 결과를 놓고 보면 장기적으로 더 고민하고 대화해볼 부분이 있을 것 같습니다.

A 맞아요. 지금은 제가 뭐라고 얘기할 수 없어요. 어떤 관객들은 이해가 안 된다고 하실 수도 있죠. 또 어떤 분들은 전체주의라는 얘기까지 하셨는데요. 관객들의 시선을 인정해야죠. 이해하려고 노력하고요. 그렇게 볼 수도 있었나? 라고 생각해요. 하지만 제 의도는 그게 아니었기 때문에 저도 관객들도 좀 더 시간을 두고 생각해봐야 하는 문제가 아닐까 싶습니다.

Q 영화의 전반부가 이미지와 효과로 재난의 고통을 극적으로 설명한다면, 후반은 직접적으로 의미를 전하는 대사들이 두드러집니다.

A 지금은 우리가 코로나19를 겪어왔기 때문에 얼마든지 방역할 수 있다고 생각하지만, 이 시나리오를 쓸 당시에는 생각을 못 했죠. 과학적인 논리보다는 영화적 상상의 비중이 더 컸어요. 그리고 영화 속 비행기가 거쳐 오는 미국과 일본은 저의 입장에서는 그저 항로일 뿐이었어요. 이 부분에서도 여러 가지 오해를 받고 있는데 미국과 일본뿐 아니라 한국에조차 못 내리는 아이러니를 최대한 강조하고 싶었어요. 그렇다면 이 아이러니를 이겨낼 수 있는 건 무엇인가. 어느 누가 나선다고 해결될 문제가 아니잖아요. 이병헌 선배의 대사가 중요했어요. 인간이기 때문에 인간으로서 떳떳하고 싶다는. 전도연 선배도 류진석 같은 놈한테 휘둘리는 모르모트가 된 기분이라는 말을 하는데요. 우리는 그런 모르모트가 아니라는 거죠. 좀 더 나은 결정을 할 수 있는 사람들이고, 그런 사람들이 성실함이라는 노력으로 이 재난을 이겨낼 수 있지 않겠느냐는 생각으로 만든 대사들이에요.

Q 최종 시나리오와 칸영화제 상영본을 거쳐 개봉 버전에 이르며 엔딩이 여운을 강조하는 쪽으로

바뀌었습니다. 재혁의 숨 막히는 글라이딩 직후 결과를 보여주지 않고, 생존 승객들의 재회 장면을 넣은 후 비행기 착륙 결과를 보여주는 식이죠. 이 변화에는 어떤 이유가 작용했을까요?

A 〈비상선언〉이 회항 전과 회항 후로 나뉜다고 하는데, 저에게 회항 전은 너무 만들기 쉬운 영화였어요. 그 부분의 연출은 앞서도 말씀드렸지만 정말 어렵지 않았어요. 그래서 후회도 돼요. 애초에 영화 전체를 그런 식으로 만들 걸 그랬나… 그런데 이상하게 책임감 같은 게 느껴지더군요. 이 영화를 그저 재미있는 장르물로 끝내는 게 맞나? 지금 우리 사회에서 일어나는 재난을 얘기하는데 그럴 수 있나? 코미디 영화도 아니잖아요. 착륙하지 못하던 비행기가 결국 착륙하는 모습을 그냥 보여주는 것은 이 영화를 보통의 장르 영화로 만들겠다는 의미죠. 장르 영화가 나쁘다는 얘기가 아니에요. 장르 영화는 굉장히 만들기 어렵고 재밌는 영화적 순간들을 담고 있죠. 그런데 장르적 쾌감보다는 관객들에게 따뜻한 여운을 남기는 것이 더 중요하다고 생각했어요. 착륙할 수 없는 비행기를 결국 착륙시켜서 카타르시스를 주려는 게 아니라 착륙하지 못하는 상황에서 어떤 결정을 내린 사람들이 결국 지어 보이는 웃음을 보고 싶다는 마음이었다고 설명할 수 있어요.

Q 영화에서 재난을 어디까지 보여줄 것인가와, 재난을 어떻게 끝낼 것이냐는 상당히 다른 이야기라고 생각합니다. 〈비상선언〉에 대한 감독님의 고민을 들으니 결국 후자겠네요.

A 네. 저는 류진석이 죽어버리는 순간에 재난은 끝났다고 봤거든요. 재난이 끝난 상황 이후 우리의 문제를 들여다보려고 했어요. 그게 내가 왜 이 작품을 해야 할까에 대한 답이었으니까요.

Q ‹연애의 목적› ‹우아한 세계›를 거쳐 ‹관상› ‹더 킹› ‹비상선언›에 이르고 보니 이런 생각이 듭니다. 한국이라는 나라, 그 들끓는 사회에서 살아가는 사람들의 면면을 그려내는 데 집중하던 감독님은 어느새 한국 사회의 풍경 자체를 그려내려는 욕구가 더 강해진 게 아니신지요?

A 의도적인 건 아니었어요. 제가 한국에 살고 있으니까 이런 이야기에 관심이 가고 호기심이 생기겠죠. 한국 사회의 어떤 폐부나 이면을 그리는 방향을 추구하지는 않았어요. 제 전작인 ‹더 킹›도 많은 사람이 정치적인 영화로 보고, 그 영화를 통해 제가 어떤 정치적 이념을 갖고 있다고 유추할 수도 있겠다 생각하는데요. 저는 그저 법에 관한 얘기를 하고 싶었어요. 우리는 법이라는 게 어떤 정답이 있다고, 절대적인 가치와 흐름이 있다고 생각하죠. 법 자체는 그럴 수 있어요. 그런데 그걸 다루는 사람들이 문제거든요. 저는 그 얘기를 하고 싶었던 거예요.

제가 소송에 휘말린 적이 있어요. 그때 저는 너무 떳떳했어요. 그런데 변호사가 당신이 아무리 떳떳하더라도 당신의 떳떳함을 증명하지 못하면 범법자가 된다는 말을 했어요. 충격이었죠. 어떤 사람이 변호를 하고, 어떤 사람이 판사와 검사를 하느냐에 따라서 이 모든 게 달라지는 것이 너무 흥미롭게 느껴졌어요. 법을 악용하는 사람이 있다면 어떻게 될까 생각하면서 ‹더 킹›을 만들었죠. ‹비상선언›도 리얼한 항공 재난 영화를 만들려다 보니 한국 사회를 들여다보게 됐지만, 제가 이런 방향으로 가려고 특별히 의도한 건 아니었어요. 저도 모르게 그렇게 됐는데, 앞으로는 솔직히 이런 식의 작업을 점점 더 안 하고 싶어요. ‹더 킹› 이후에 제가 이런저런 일을 예언했다는 식의 얘기를 듣는 것 자체가 기분 좋은 일이 아니었거든요. 전 그냥 영화를 만들고 싶을 뿐이에요. ‹비상선언›도 절대 일어나지 않을 일이라고 생각하고 관객들에게 흥미로운 영화적 경험을 안겨주고자 만들기 시작했는데, 코로나 시국이 되어버리면서 누구는 진짜 현실 같다, 누구는 말이 안 된다는 식의 호불호가 갈리는 영화가 됐죠. 이 상황 자체가 저도 아이러니해요. 다음 영화부터는 현실에서 절대 있을 수 없는 얘기를

하려고요. (웃음)

Q ‹비상선언›은 2022년 여름 한국 극장가 한복판에서 팬데믹 때문에 변화한 시장과 관객의 반응을 격렬하게 체험하고 있습니다. 연출자로서 이 순간을 어떻게 받아들이시는지요?

A 이 영화를 개봉한 순간 정말 상상도 못 했던 반응이 나와서 당황스러웠어요. 물론 제 의도를 정확하게 읽어주시는 분들도 있었고요. 지금까지 제 영화를 개봉했을 때와는 전혀 다른 경험이에요. 제가 만든 영화가 불과 5편뿐이지만 제작한 작품까지 생각한다면 영화를 향한 호불호에 이 정도로 큰 간극이 있을 거라고는 예상을 못 했어요. 그래서 저도 혼란스러운 상태예요.

지금 제가 뭘 바꿀 수 있는 건 없잖아요. 불행인지 다행인지 지금 OTT 드라마 ‹머니게임›을 촬영 중이기도 하고요. 다만 개봉 당시 영화에 대한 평가가 하나의 방향으로만 끝까지 가지는 않는 것 같아요. 영화는 생물처럼 변화하거든요. 관객들도 이 영화에 대해 갖는 생각이 더 다양해지지 않을까요? 올해 여름 영화 시장이 워낙 뜨겁고 여러 작품들이 연이어 개봉했기 때문에 ‹비상선언›이 상대 평가적으로 받는 이야기들이 많다는 것도 알아요. 시간이 지나면 이 영화 자체로 논의될 때가 있을 거라고 기대해요. 지금의 상황이 저에게 주는 영향이나 그로 인한 고민은 저 역시 시간을 두고 생각해볼 문제고요. 지금 이 시간들이 다음 영화를 할 때 저에게 어떤 기준이 되어줄 거로 생각합니다.

김혜선(영화 저널리스트, 시모어 컴퍼니)

스토리보드

S 015	진석의 집	D	10:20
	집 안으로 들어온 인호, 천천히 주위를 살핀다.	S	1cut

1-1

PAN FOLLOW

불빛 하나 들어오지 않는 어두운 집 안으로 걸어 들어가는 인호. 어두운지 핸드폰을 꺼내 조그만 불빛으로 주위를 살핀다. 그리 넓지 않은 평수에 깔끔한 살림살이. 창문마다 두꺼운 비닐 테이프로 빛이 새지 않게 다 막아 놓아 칠흑같이 어두운데,

1-2

PAN

어렴풋이..
풍만한 가슴을 드러낸 비너스의 그림이 보인다.
흔한 르네상스풍의 그림.

1-3

PAN

빛이 나는 쪽으로 시선을 돌리는 인호.

1-4

멀리 베란다 쪽 틈에서 빛이 들어오고,
그 빛을 향해 인호는 천천히 걸어간다.

1-5

다가가 커튼을 열어보는 인호.

S 016	기내	D	10:23
	원기장, 장기장, 그리고 현수가 승무원들과 함께 브리핑을 한다.	S	6cut

이코노미E Zero

1-1

실내에 불이 켜진다.
아직 승객이 탑승하지 않은 기내.

1-2

객실로 걸어 들어가는 승무원들.

1-3

원기장
(off) 인천공항 넘어가면서부터 날씨가 안 좋네.

조종실A Zero

2

조종석에 나란히 앉은 원기장과 현수.

현수
네.. 비행하는 내내 터뷸런스가 심할 거 같은데...

3-1

PAN UP

서류에 사인하는 원기장.

원기장
연료를 좀 여유 있게 넣어둘게요.

3-2

원기장
그리고 최대한 흔들리지 않고 가긴 할 건데

S 016	기내	D	10:23
	원기장, 장기장, 그리고 현수가 승무원들과 함께 브리핑을 한다.	S	6cut

4-1

원기장
그래도 예기치 않게 흔들리면 제가 시그널을 두 번 울리고 기장 방송을 하겠습니다.

4-2

뒤쪽을 돌아보는 현수.

5

고개를 끄덕이는 희진과 태은, 시영, 승무원들.

갤리B Zero

6

갤리. 짐을 정리하는 승무원들.

S 017	보안 검색대	D	10:23
	검색대를 통과하는 재혁, 수민, 그리고 진석.	O	7cut

1

검색대 풍경.
보안 검색대를 통과하는 사람들.

2-1

PAN

수민과 바로 뒤 재혁이 검색대를 통과하고 있다.

2-2

그들과 조금 거리를 두고 줄 서 있는 진석의 모습.

3

보안 검색대에 천천히 서는 진석. 이윽고 차례가 되자
검정 서류가방을 검색대 위에 올려놓는다.

4-1

진석, 양팔을 들어 금속 탐지기 검사를 받는데,
겨드랑이를 스치는 금속 탐지기.
하지만 아무런 반응을 보이지 않는다.

4-2

진석, 검색대를 무사히 통과하기 직전,

S 017	보안 검색대	D	10:23
	검색대를 통과하는 재혁, 수민, 그리고 진석.	O	7cut

5

진석의 소지품을 보고 묻는 보안요원.

요원
이게 뭐죠?

6

보면, 주사기처럼 생긴 작은 분무기와 파란색의 캡슐. 겨드랑이에 넣었던 하얀 캡슐과는 다르다.

7-1

진석
아.. 이거.. 천식요.

들어서 자기 코앞에서 푹푹 누르자 바람이 푹푹 나간다. 보안요원 보면, 캡슐들을 보는데, 파란색의 천식용 캡슐. 살펴보더니.. 통과시키는 보안요원.

7-2

진석, 짐을 갖고 나간다.

S 018	진석의 집	D	10:32
	베란다 맞은편으로 방이 하나 더 있는 걸 발견하는 인호.	S	4cut

1-1

PAN UP

베란다 창 틈에서 새어나오는 빛.
생화학 원서들, 그 옆으로는 영어로 휘갈겨 쓴 노트들.

1-2

원서들을 바라보는 인호.

2-1

몸을 돌려 안쪽으로 천천히 걸음을 옮기는데,

2-2

베란다 맞은편으로 방이 하나 더 있는 걸 발견한다.

2-3

방 안을 보면,

3

인호 시점.
방에 빛이 닿지 않아 완전히 어둡다.

S 018	**진석의 집**	D	10:32
	베란다 맞은편으로 방이 하나 더 있는 걸 발견하는 인호.	S	4cut

4

핸드폰 불빛을 드는 인호.

S 019	탑승 게이트 앞	D	10:32
	탑승 게이트로 들어가는 사람들.	L	4cut

1

탑승 게이트 풍경.
승객들이 탑승 게이트로 들어가고 있다.

2

비즈니스 승객들 너머 이코노미 승객들.
앞으로 70대 노부부인 한박사와 한박사 남편이 들어가고, 뒤로 재혁과 수민, 교환학생들, 고등학생들이 들어간다.

3

이코노미 승객들 너머 비즈니스 승객들.
석필호와 오윤석이 포함된 단체 골프팀도 나가고 있다.

4

표 바코드를 찍고 들어오는 승객들.
교환학생들과 고등학생들이 신이 나서 들어온다. 일상적이지만 아무래도 하와이다 보니 다들 설레는 기분이다.

S 020	비행기 조종석 스케치	D	10:40
	KI501의 모습, 비행기를 점검하는 기장들.	L/S	5cut

1-1

PAN

탑승 게이트 창 너머로 보이는 탑승교.

1-2

KI501의 모습이 보인다.

조종실A Zero

2

비행기 항법장치(FMS)에 좌표와 항로, 날씨 값 등을 입력하는 현수.

3

오버헤드 장치도 만지며, 이륙을 준비한다.

4

뒤에 앉아 차트를 보며 체크하는 장기장.

비즈니스C Zero

5

비즈니스 석에 앉는 승객 너머로,
탑승하는 이코노미 승객을 안내하는 승무원들.

S 021	진석의 집 인호, 방을 통과해 화장실로 간다. 욕조에 쳐진 비닐을 보고 다가가는 인호.	D S	10:44 4cut

1-1

어두운 방 안.

1-2

핸드폰 불빛에 의지해 어둠 속으로 더 깊이 들어가는 인호.

1-3

2-1

더 안쪽으로 들어오는 인호 정면.

2-2

카메라 쪽으로 다가온다.

2-3

주변을 살피는데,

S 021	진석의 집	D	10:44
	인호, 방을 통과해 화장실로 간다. 욕조에 쳐진 비닐을 보고 다가가는 인호.	S	4cut

2-4

순간 툭- 하고 머리에 부딪히는 무언가.

2-5

돌아보면,

2-6

전등의 스위치 버튼이다.

2-7

전원을 켜는 인호.

3-1

PAN

불이 켜지는데, 보면, 이곳은 화장실이다.
아주 깨끗이 정리가 되어 티끌하나 없는 화장실.

3-2

그리고, 비닐 커튼이 쳐 있는 욕조.
왠지 수상해 보이고 심상치 않아 보인다.

S 021	진석의 집	D	10:44
	인호, 방을 통과해 화장실로 간다. 욕조에 쳐진 비닐을 보고 다가가는 인호.	S	4cut

4 

긴장되는 인호.

S 022	기내	D	10:48
	이륙 전 자리를 잡는 승객들. 재혁, 진석을 발견한다.	S	9cut

이코노미E Zero

1 

오른쪽 복도로 걸어 들어오는 재혁과 수민.

2-1 

선반에 짐을 싣는 승객과,

2-2 

자리를 찾아 앉는 승객들. 승객들의 이륙 직전 표정들.

3-1 

그리고 왼쪽 복도로 걸어 들어오는 진석.

3-2 

두리번거리며 들어온다.

4 

재혁, 수민을 앉히다가 진석을 발견한다.

S 022	기내	D	10:48
	이륙 전 자리를 잡는 승객들. 재혁, 진석을 발견한다.	S	9cut

5

같은 비행기라는 게 왠지 찜찜한 재혁.

6-1

진석은 자기 자리를 발견하고,

6-2

가방을 넣고는 앉는다.

7

복도를 지나가려는 사람들 때문에 좌석 안쪽으로 들어오는 재혁.

8

자리에 앉아 수민을 챙긴다.

9

승객들을 친절하게 맞이하며 지나가는 승무원 경숙.

S 023	진석의 집 화장실	D	10:52
	인호, 긴장하며 욕조 비닐을 열려는데, 따르릉- 울리는 전화.	S	3cut

1-1

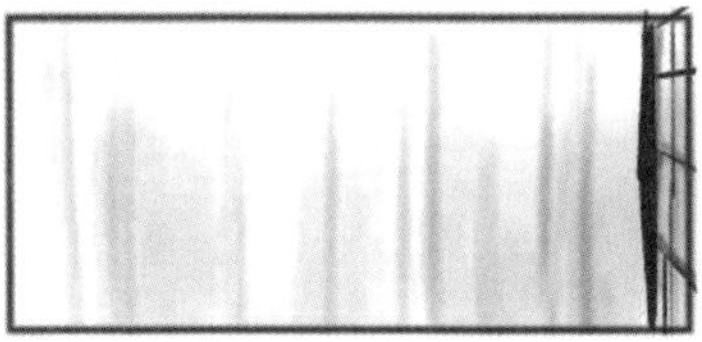

욕실 비닐 커튼.

1-2

인호, 상기된 얼굴로 천천히 다가가 욕조의 비닐을 스윽- 치려는데, 비닐을 치기 직전, 따르릉- 울리는 전화. 덜컥 되려 놀라는 인호다.

1-3

전화를 받는 인호.

민정
아 왜?!
인호
아니. 엄마 어디 갔냐고.
민정
하와이. 하와이. 나 전화 하지마. 수업이야.

1-4

하고 딱 끊어버리는 전화. "이게 진짜." 하며 짜증이 나지만 참고, 전화기를 주머니에 넣는 인호.

1-5

용기 내어 다시 비닐 커튼으로 손을 뻗는다.

2-1

비닐 너머로 다가오는 인호의 손 실루엣.

S 023	진석의 집 화장실	D	10:52
	인호, 긴장하며 욕조 비닐을 열려는데, 따르릉- 울리는 전화.	S	3cut

2-2

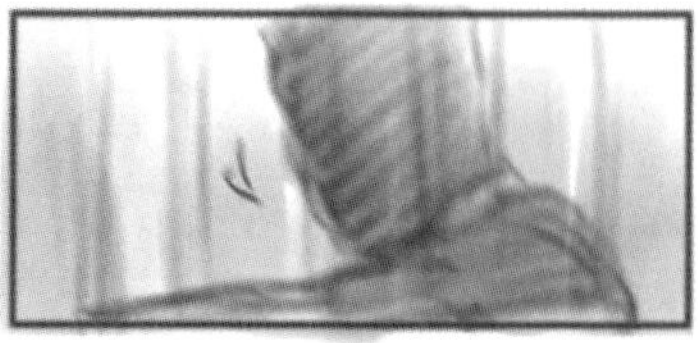

인호의 얼굴 실루엣이 다가오고,

2-3

비닐을 확- 열어보는데,

2-4

뭐지, 하는 느낌으로 다시 돌아서는 인호.

3

욕조에는 아무것도 없다.

S 024	탑승 게이트 / 기내	D	10:56
	뒤늦게 들어오는 혜윤과 친구들. 비행기 문이 닫힌다.	S	6cut

갤리D-이코노미E Zero

1-1

희진 너머, 뒤늦게 오는 혜윤과 친구들. 왁자지껄하다.

혜윤
아이고 못 탈 뻔했네. 죄송합니다.

손에 잔뜩 면세품들이다.

1-2

이코노미 객실로 들어가는 혜윤과 친구들.
깔깔거리며, 여행가는 게 좋은지 즐겁게 웃는다.

2

혜윤과 친구들이 자리를 찾아 복도를 지나가면,
그들을 슬쩍 보는 진석.

3-1

승객이 다 탔다는 사인을 보내는 승무원들.
희진이 지상직 승무원에게 사인을 보내면,

3-2

문이 닫히기 시작한다.

4

(기체 밖) 천천히 닫히는 문.

S 024	탑승 게이트 / 기내	D	10:56
	뒤늦게 들어오는 혜윤과 친구들. 비행기 문이 닫힌다.	S	6cut

5

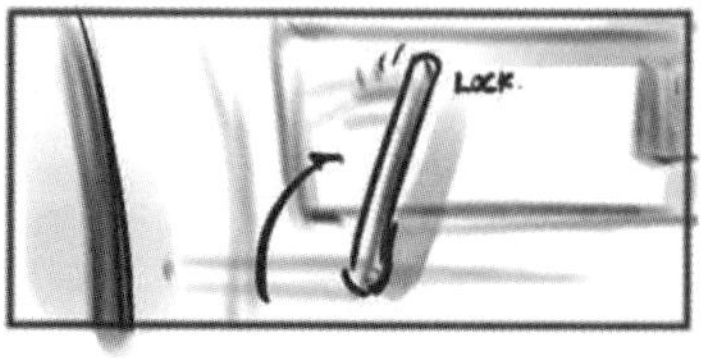

(기체 안) 쿵- 하고 잠기는 문.

6

자리에 앉는 혜윤.
닫힌 기내. 완전히 밀폐된 느낌이다.

S 025	활주로	D	10:57
	비행기 엔진이 빠르게 돌기 시작하고 활주로를 가속해 나간다.	L/S	11cut

1

활주로에 진입하는 KI501의 바퀴, 엔진부분.

2

낮게 안개가 드리워진 활주로.

조종실A Low

3

원기장
KI501. Ready for Take off RWY 15R.
(15번 활주로에서 이륙 준비 완료.)

인천공항 관제탑

4

타워
KI501. Roger. Cleared for take off RWY 15R
Wind 150 at 7 knots.
(알겠습니다. 15번 오른쪽 활주로 현재 150도 방향에
서 7노트의 바람이 붑니다. 이륙하세요.)

조종실A Low

5

현수
KI501. Cleared for take off RWY 15R.
(15번 오른쪽 활주로 확인했습니다. 이륙합니다.)

6

비행기, 엔진이 빠르게 돌기 시작하고 활주로를 가속해
나간다.

S 025	활주로	D	10:57
	비행기 엔진이 빠르게 돌기 시작하고 활주로를 가속해 나간다.	L/S	11cut

비즈니스C High

7

비행기가 가속하기 시작하자 흔들리는 내부.
비즈니스 객실의 골프팀. (신문을 보고, 안대를 하고 자는 등)

이코노미E High

8

이코노미 객실.
립밤을 바르는 혜윤과 그 옆의 친구들.

9

수민과 재혁.

10

창밖을 보고 있는 진석.

11-1

PAN FOLLOW

빠르게 질주하는 KI501.

11-2

S 026	진석의 집	D	10:59
	비닐에 둘둘 감긴 나체의 시체를 발견하는 인호.	S	3cut

1-1

화장실을 나오는 인호.

1-2

화장실 불이 켜져 있어서 그제야 화장실 가기 전 방의
형태가 보이는데, 마치 무슨 연구실처럼 보인다.

1-3

방 안을 살피는 인호의 뒤로,
벽 쪽에 보이는 희멀건 사람의 형체.
인호, 미처 발견을 못하고 딴 곳을 보다가,

1-4

문득 돌아보면,

1-5

시체로 포커스 이동.

2

놀라 쳐다보는 인호. 굳어진 얼굴.

S 026	진석의 집	D	10:59
	비닐에 둘둘 감긴 나체의 시체를 발견하는 인호.	S	3cut

3

벽에 기대어진 시체. 끔찍한 몰골의 피투성이 남성 시체가 나체로 비닐에 쌓여져 있다.

S 027	활주로	D	11:00
	이륙하는 KI501.	S/L	4cut

조종실A High

1 

조종실 창으로 보이는 활주로.

2 

KI501이 서서히 활주로를 밟고 강하게 이륙한다.

3 

바퀴가 기체 안으로 서서히 들어간다.
(메인 랜딩 기어 앞부 리깅)

4-1 

쿠왕- 굉음을 내며,

4-2 

하늘 위로 멀어져가는 KI501.

4-3 

S 048	기내 비즈니스 화장실	D	13:30
	화장실로 들어온 필호. 코피가 주르륵 나더니 눈알에서 피가 터진다.	S	1cut

화장실B(오른쪽) Low

1-1

화장실로 들어오는 필호.
온몸에서 땀이 나고 숨이 차다.

필호
미치겠네. 진짜… 왜 이러지..

1-2

거울을 보는데, 코피가 주르륵 난다.

필호
뭐야. 이거...

1-3

거울에 더 가까이 다가가는 필호.
갑자기 눈알에서 피가 퍽- 하고 터진다.

1-4

으악- 물러나는 필호.

1-5

놀란 채,

1-6

손을 내리면,

S 048	기내 비즈니스 화장실	D	13:30
	화장실로 들어온 필호. 코피가 주르륵 나더니 눈알에서 피가 터진다.	S	1cut

1-7

피가 터져 나오는 필호의 눈(본인 왼쪽 눈).

S 049	기내 비즈니스에서 이코노미로	D	13:34
	화장실에서 뛰쳐나와 의사를 찾는 필호. 이코노미 객실에서 피를 토하며 쓰러진다.	S	13cut

갤리B-비즈니스C Low

1-1

FOLLOW

화장실에서 뛰쳐나오는 필호.

1-2

필호
저기요. 여기 의사 없어요?

다들 모니터를 보거나 자다가 무슨 일인가 하고 본다.

1-3

PAN FOLLOW

"너 왜 그래?" 하는 친구들.
장기장도 놀라 본다.

1-4

필호
의사...

1-5

고통스러워하는 필호, 태은을 지나쳐,

1-6

의사를 찾아 이코노미로 간다.

S 049	기내 비즈니스에서 이코노미로	D	13:34
	화장실에서 뛰쳐나와 의사를 찾는 필호. 이코노미 객실에서 피를 토하며 쓰러진다.	S	13cut

갤리D-이코노미E Low

1-7

이코노미로 들어서는 필호.
(뒤로 재혁, 종수 보인다.)

1-8

필호
여기 의사 없냐고. 의사.

1-9

의사를 찾아 몸을 돌리는 필호.

1-10

승객들 아무도 대답이 없고, 다들 뭐지 하며 쳐다보는데,

1-11

필호, 카메라와 멀어지며 휘청한다.

1-12

사람들, 부축하려고 다가가는데, "크악-" 하며 콱 피를 토하는 필호.

S 049	기내 비즈니스에서 이코노미로	D	13:34
	화장실에서 뛰쳐나와 의사를 찾는 필호. 이코노미 객실에서 피를 토하며 쓰러진다.	S	13cut

1-13

곧바로 쓰러진다.

TILT DOWN

1-14

온몸에 힘을 주고, 사람이 경직되는 것처럼 죽는 필호.

2

당황하고 놀란 사람들.
필호 주변으로 모이기 시작한다.

3

뒤늦게 일어나 핸드폰 카메라로 촬영하는 종수.

4-1

다들 놀라 있는데, 사람들 뒤로 들리는 소리.

한박사
잠깐만요. 의사에요.

4-2

노년의 할머니. 한박사다. 비켜주는 사람들.

S 049	기내 비즈니스에서 이코노미로	D	13:34
	화장실에서 뛰쳐나와 의사를 찾는 필호. 이코노미 객실에서 피를 토하며 쓰러진다.	S	13cut

5 

한박사, 쓰러진 필호의 맥박과 숨을 살펴보는데,

6 

시체의 얼굴.
입에 가득한 거품. 끔찍한 몰골. 진석의 집 시체와 같은 모습이다.

7 

놀라는 승무원들.

8 

놀라는 종수와 승객들.

9-1 

필호를 살펴보던 한박사,

9-2 

승무원들을 보며 사망했다는 뜻으로 고개를 젓는다.

S 049	기내 비즈니스에서 이코노미로	D	13:34
	화장실에서 뛰쳐나와 의사를 찾는 필호. 이코노미 객실에서 피를 토하며 쓰러진다.	S	13cut

10 

심각한 얼굴의 희진.

11 

놀라는 사람들. 군데군데 창이 열리고, 어쩔 줄 몰라하는 등 어수선한 객실.

12-1 

진석은 화장실을 기다리며 그런 모습을 보고 있다.

12-2 

아주 살며시 웃는 진석.

13-1 

재혁은 진석의 섬뜩한 표정을 놓치지 않고 본다.

13-2 

그때 간헐적으로 쿵- 흔들리는 터뷸런스.

S 050	기내 조종실	D	13:37
	지상으로부터 진석에 대한 정보를 받는 조종실. 태은이 승객 사망 소식을 전한다.	S	6cut

조종실A High

1

원기장
날씨가 안 좋아. 좀 틀어야겠어. 구름도 많고.

그때 지지직- ACARS 프린터 소리가 들린다.

2

ACARS에 뜨는 메시지, 종이가 프린트 된다.

메시지[한글자막]
탑승객 류진석(851201-) 살인사건 용의자로 추정.
테러 잠재 가능성. 신체 구속 또는 격리 감금 요망.

3

종이를 보며 인상을 찌푸리는 원기장.

원기장
무슨 소리야 테러라니.. 위성전화 되나?

4-1

현수
지금 안테나가 잘 안 떠서..
텍스트 보낸 거 같은데요.
(승객 리스트를 확인하며)
있네요. 류진석.. 제가 가볼게요.

4-2

일어나는 현수.

5-1

PAN

3) 연결.

원기장
조심해요.
현수
네..

S 050	기내 조종실	D	13:37
	지상으로부터 진석에 대한 정보를 받는 조종실. 태은이 승객 사망 소식을 전한다.	S	6cut

5-2

현수, 나가려는데,

5-3

급히 들어오는 태은, 위급한 표정이다.

태은
저기.. 승객 한 분이.. 사망하셨어요..

놀라는 현수.

5-4

원기장을 돌아보고 서둘러 나간다.

6-1

걱정스런 마음에 인상을 찌푸리는 원기장.
문 닫히는 소리 들리고,

6-2

원기장, 고개를 돌리는데, 작게 기침이 난다.
입을 손으로 막는다.

TILT DOWN

6-3

조종간을 잡는 원기장의 손등에도 좁쌀만한 수포들이 올라와 있다. 아직은 의식하지 못한다.

S 051	기내 화장실 앞	D	13:38
	진석과 재혁은 싸움이 붙고, 현수가 진석을 추궁하자 진석은 가루를 살포한다.	S	29cut

갤리D-이코노미E Low

1

화장실을 나오는 혜윤.

2-1

창문도 많이 열려 있어, 햇빛이 기내로 들어온다.
어수선한 밖의 상황에 놀라 당황하는 혜윤.

2-2

기다리던 진석, 화장실로 들어가려는데,
그때 진석을 부르는 재혁.

재혁
야.. 너 어디 가.

3

돌아보는 진석.

진석
뭐요?

4

사람들 사이로 다가오는 재혁.

재혁
너 어디 가냐고..!

5

3)연결.
짜증난다는 듯 무시하는 진석. 화장실로 들어가려는데,

S 051	기내 화장실 앞	D	13:38
	진석과 재혁은 싸움이 붙고, 현수가 진석을 추궁하자 진석은 가루를 살포한다.	S	29cut

6

그런 진석에게 확 다가가는 재혁.

7-1

진석을 붙잡는다.

7-2

재혁
네가 한 거지?!

하며 진석의 멱살을 잡는 재혁.

진석
뭐야 이거.

8-1

재혁
너 무슨 짓 했어?! 겨드랑이에 뭐 숨겨왔어!

8-2

진석을 벽으로 밀치는 재혁.

8-3

재혁, 진석의 셔츠를 찢으려 하고,

S 051	기내 화장실 앞	D	13:38
	진석과 재혁은 싸움이 붙고, 현수가 진석을 추궁하자 진석은 가루를 살포한다.	S	29cut

8-4

셔츠 단추들이 틑어지는데,

8-5

언뜻 보이는 겨드랑이에 꿰맨 자국.
"으악-" 겨드랑이가 아픈지 소리치는 진석.
"미쳤어 진짜!"

9

엉겨 붙는 두 사람.
놀라는 사람들. 진석과 재혁에게 시선이 집중된다.

10

진석과 재혁을 보는 사람들.
종수가 카메라로 찍고 있다.

11

진석과 재혁을 보는 사람들.

비즈니스C Low

12

cut to
비즈니스 객실을 통과하는 현수와 태은.
저 멀리 싸우고 있는 두 사람이 보인다.

S 051	기내 화장실 앞	D	13:38
	진석과 재혁은 싸움이 붙고, 현수가 진석을 추궁하자 진석은 가루를 살포한다.	S	29cut

13

몰려든 사람들을 뚫고 나오는 현수.

이코노미E Low

14-1

재혁
이 비행기 다 죽일 거라매.

14-2

현수
지금 뭐하는 겁니까!

재혁을 붙잡고 끌어내는 현수.

PAN

14-3

재혁, 제지 당하자 현수를 보는데,

14-4

놀라는 얼굴.

15

잠시 서로 시선이 교차된다. 서로 아는 사람 같다.

S 051	기내 화장실 앞	D	13:38
	진석과 재혁은 싸움이 붙고, 현수가 진석을 추궁하자 진석은 가루를 살포한다.	S	29cut

16-1

PAN

둘 사이에 묘한 정적이 흐르고,

16-2

하지만 이내 곧 시선을 진석에게로 돌리는 현수.

16-3

16-4

현수
류진석씨 맞으시죠?
진석
What?
현수
(손에 쥔 페이퍼 보고)
생년월일 851201 맞으시죠?
진석
(미묘한 미소) You guys took the wrong person. I'm an American citizen.
현수
죄송하지만 신분증 좀 볼 수 있을까요?
진석
(예민한) I said I'm an Ameri...

16-5

재혁
야 너 류진석 맞잖아. 한국말 잘하잖아. 새끼야!

16-6

진석, 재혁의 말에 "에이 씨발." 하더니,

S 051	기내 화장실 앞	D	13:38
	진석과 재혁은 싸움이 붙고, 현수가 진석을 추궁하자 진석은 가루를 살포한다.	S	29cut

16-7

자리를 벗어나 도망가 버린다.

16-8

통로 쪽으로 향하는데,

16-9

필호의 시체 때문에 길이 막혀 있자 돌아보는 진석.

17-1

몸을 틀어서 의자 위로 올라간다.

17-2

좌석을 뛰어 넘으려는데,

이코노미E High

17-3

본능적으로 진석을 잡는 승객들.

S 051	기내 화장실 앞	D	13:38
	진석과 재혁은 싸움이 붙고, 현수가 진석을 추궁하자 진석은 가루를 살포한다.	S	29cut

17-4

진석, 터뷸런스에 의해 의자 위에서 넘어진다.

18-1

진석을 향해 오던 재혁도,

18-2

터뷸런스를 느끼고 넘어진다.

19-1

PAN FOLLOW

의자 위에 널브러진 진석.
자신을 잡는 사람들을 뿌리치고,

19-2

필사적으로 손을 주머니에 가져간다.

19-3

주머니에 손을 넣어,

S 051	기내 화장실 앞	D	13:38
	진석과 재혁은 싸움이 붙고, 현수가 진석을 추궁하자 진석은 가루를 살포한다.	S	29cut

19-4

천식 호흡기를 꺼내는 진석.

20

그 모습을 본 재혁. 사람들에게 소리친다.

재혁
저, 저 뭐야 저거! 막아, 손 막아!

21

진석 시선각.
천식기를 누르자 파악- 분사되는 하얀 가루.

22

진석 너머로 날리는 가루.
사람들이 진석을 붙잡고 끌어내리자 넘어지는 진석.

23-1

진석, 쿵- 하고 떨어진다.

23-2

그 뒤로 보이는 재혁. '뭐지?' 하고 바라보는데,

S 051	기내 화장실 앞	D	13:38
	진석과 재혁은 싸움이 붙고, 현수가 진석을 추궁하자 진석은 가루를 살포한다.	S	29cut

24

미친듯이 천식기를 누르고 있는 진석의 손.
(정속, 고속 두번 촬영, END에 변속.)

25-1

고속.
진석을 잡은 쪽에 몰리는 사람들.
진석은 보이지 않는다.

25-2

사람들의 실루엣 한 켠으로,
상가 빛을 따라 둥글게 올라오는 가루 연기.

26

고속.
사람들에게 둘러싸인 진석.
천식기를 계속해서 눌러보지만, 캡슐이 다 했는지 더 이상 나오지 않는다.

27-1

고속.
진석이 쓰러져 있는 통로. 가루들이 올라오는데,

27-2

TRACK IN

느끼지 못한 채 진석 쪽으로 오는 사람들.

S 051	기내 화장실 앞 진석과 재혁은 싸움이 붙고, 현수가 진석을 추궁하자 진석은 가루를 살포한다.	D S	13:38 29cut

27-3

TRACK IN

승무원들과 승객들이 가루를 통과한다.

28-1

26) 연결. **고속.**
사람들에 의해 끌려가는 진석.

28-2

수명을 다한 천식기가 또르르- 구른다.

29

고속.
햇빛에 반짝 거리는 하얀 가루. 객실 공중에 흐른다.

프로덕션 스틸

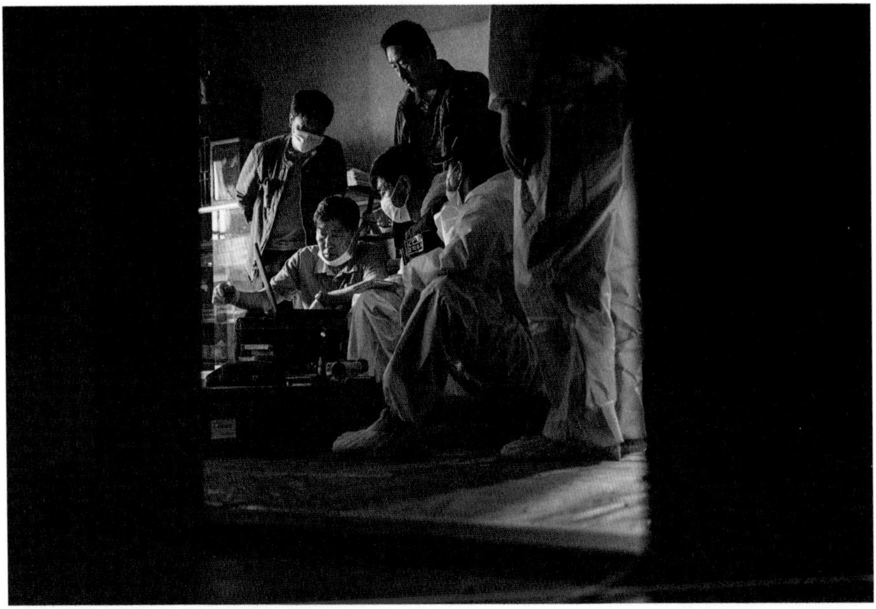

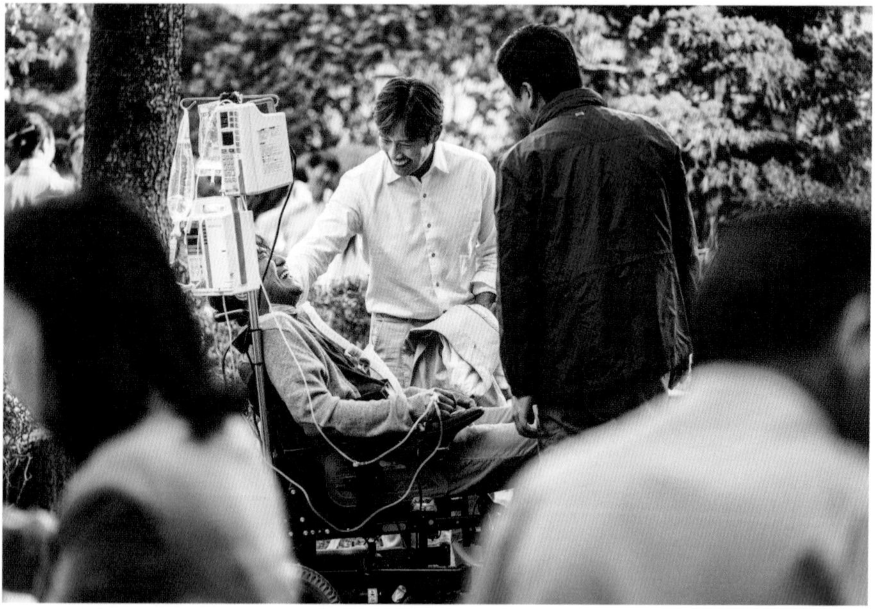

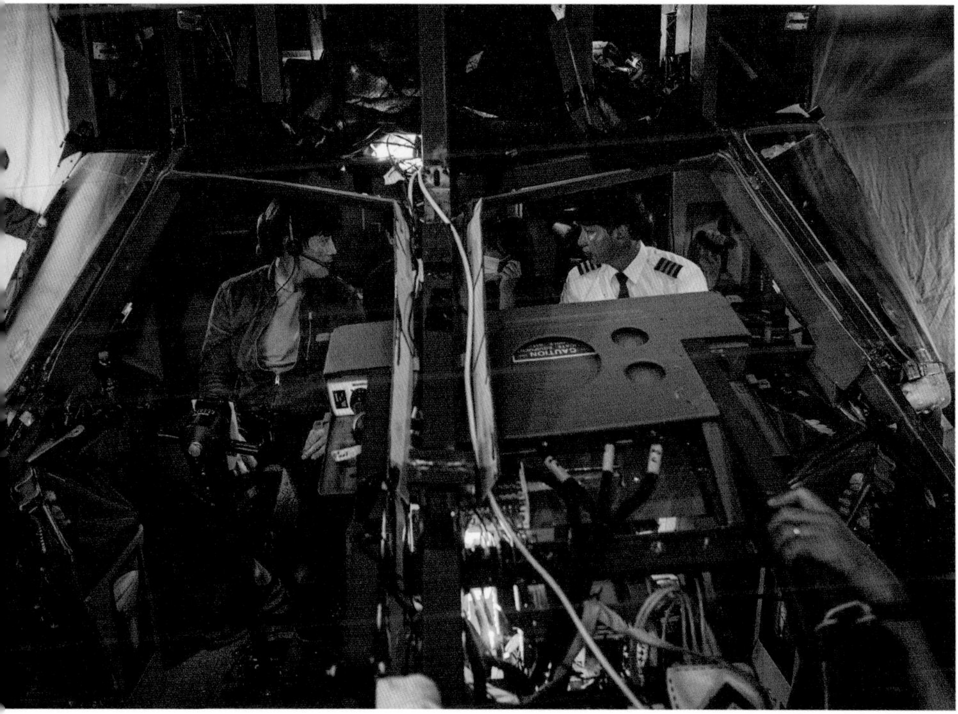
CAUTION

EXIT 비상구

MARILYN MANSON

DEMOLITION

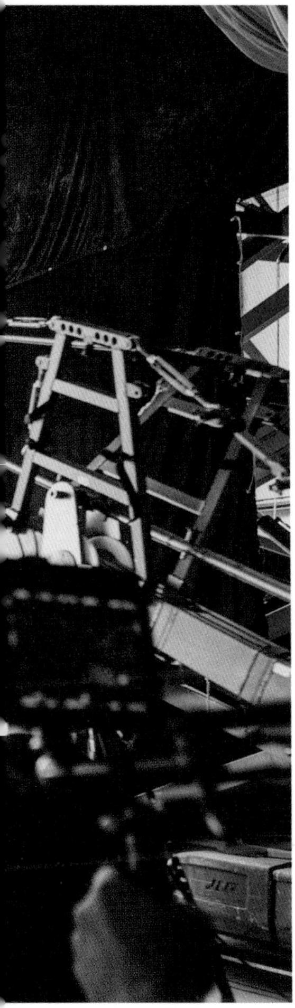

한재림 감독이 포착한 순간들

THE DIRECTOR'S CAMERA ROLL—

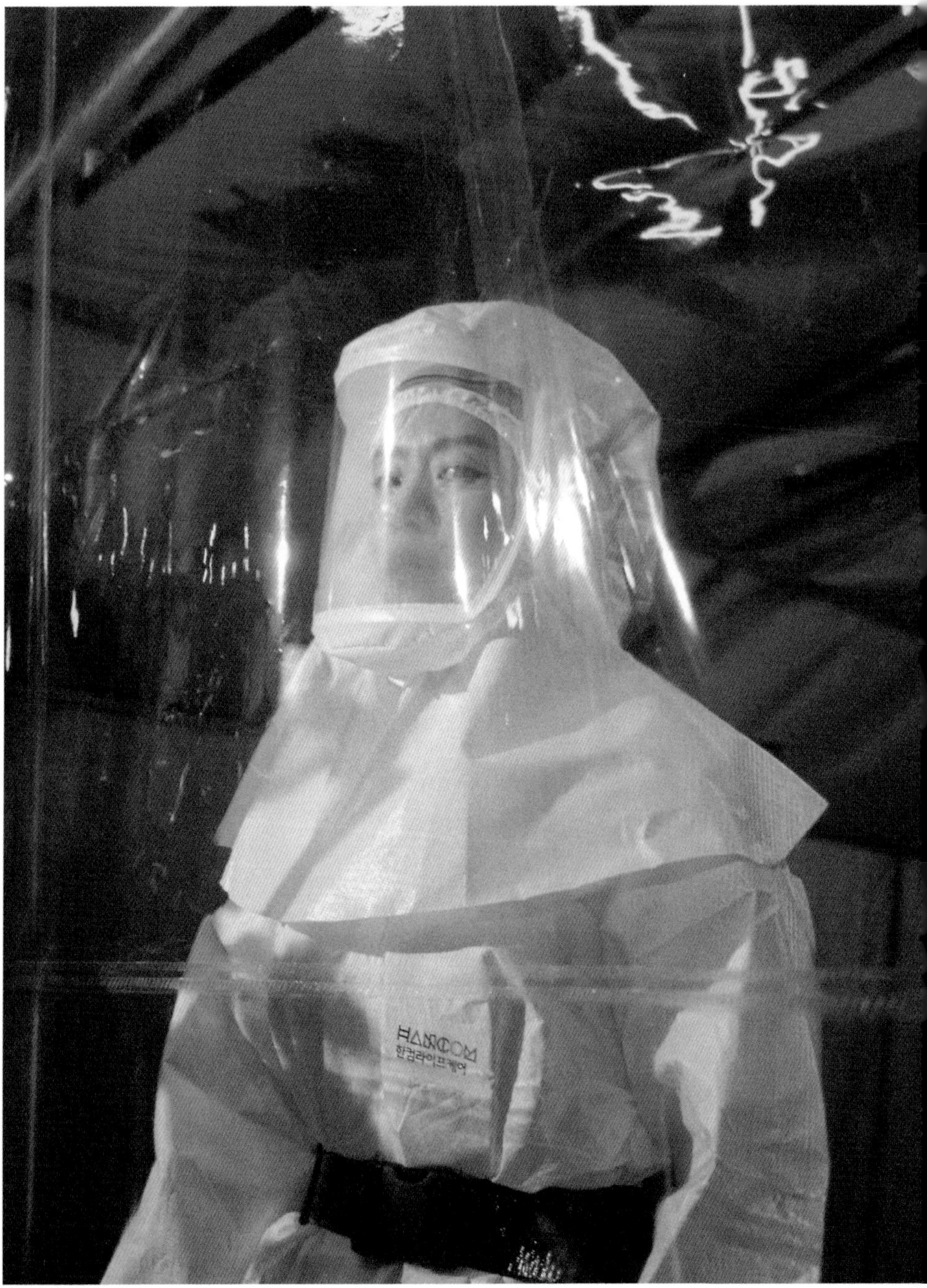
HANCOM
한컴라이프케어

G1-8

G1-B

ORION

Discovery

스템' 장착

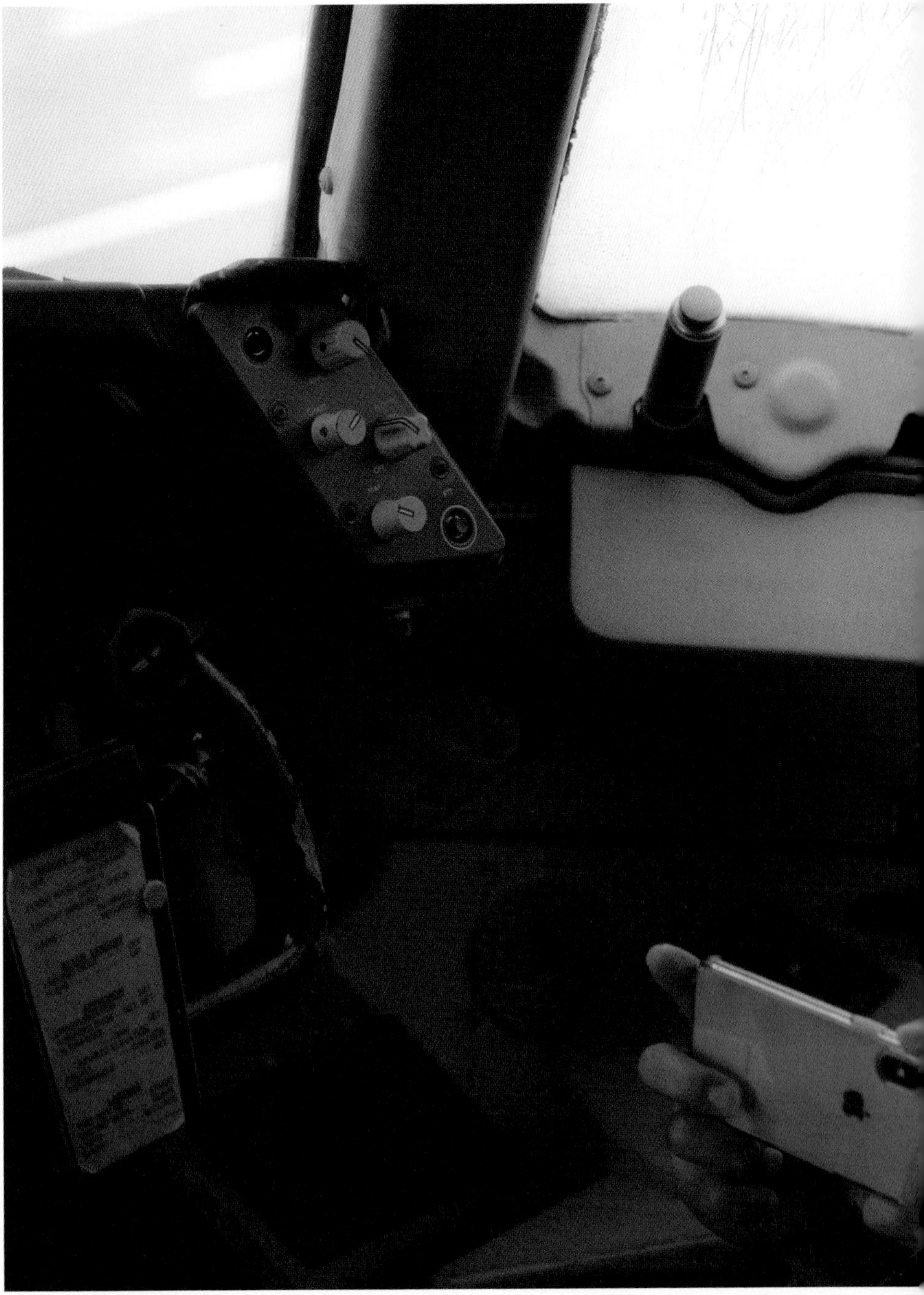

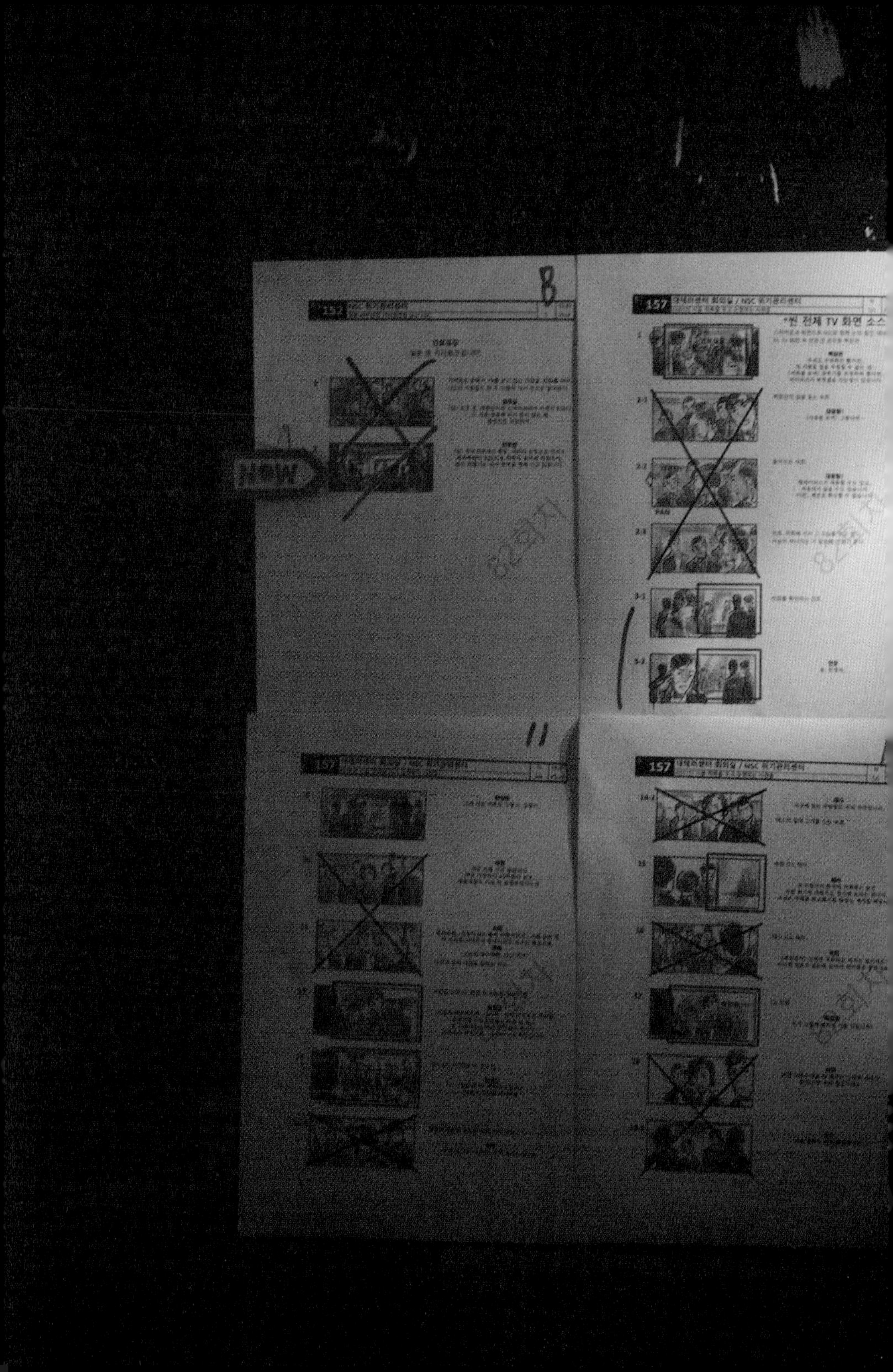
8
157
NSC 위기관리센터
157
대책위원회 회의실 / NSC 위기관리센터
*씬 전체 TV 화면 소스
PAN
82회차
11
157
157
대책위원회 회의실 / NSC 위기관리센터

10
13
TRACK IN

FOR ALL!

LOT

01:17:05:23

비상선언 각본집
Emergency Declaration: Screenplay Book
한재림

초판 1쇄 발행
2022년 12월 9일

펴낸이: 백준오
펴낸곳: 플레인아카이브
출판등록: 2017년 3월 30일
제406-2017-000039호
10881 경기도 파주시 회동길 336-17, 302
cs@plainarchive.com

편집: 임유청
교정: 이보람
지원: 장지선
표지 디자인 베이스 아트웍 제공: 스테디 Steady
내지 디자인: 김성구
스토리보드: 김태형 [파란해골13호 필름]
스틸: 손익청

도움 주신 분: 서혜지, 윤형민, 하은진

ISBN: 979-11-90738-49-1 (03680)
값: 27,500원

원작 영화 ‹비상선언›